Fábrica de Software ou de Problemas?

Fábrica de Software ou de Problemas?

Como utilizar a Portaria nº 750/23 para evitar dores de cabeça na contratação de desenvolvimento de sistemas

Alexandre de Souza
Janderson Reis

2023

1ª Edição – Março de 2023

Revisão: **Bruno Espírito Santo**

Dados Internacionais de Catalogação na Publicação (CIP)
(Câmara Brasileira do Livro, SP, Brasil)

Souza, Alexandre de
Fábrica de software ou de problemas? : como utilizar a portaria nº 750/23 para evitar doresde cabeça na contratação de desenvolvimento de sistemas / Alexandre de Souza, Janderson Reis. -- Florianópolis, SC : Ed. dos Autores, 2023.

ISBN 978-65-00-64485-2

1. Administração pública 2. Desenvolvimento de sistemas 3. Funcionários - Recrutamento 4. Portaria 750/23 5. Software - Desenvolvimento 6. Tecnologiada informação - Administração I. Reis, Janderson. II. Título.

23-148089 CDD-354.270981

Índices para catálogo sistemático:

1. Brasil : Tecnologia da informação : Administraçãopública 354.270981

Tábata Alves da Silva - Bibliotecária - CRB-8/9253-0

Clube de Autores
www.clubedeautores.com.br

Livros não mudam o mundo,
quem muda o mundo são as pessoas.
Os livros só mudam as pessoas.
-- Mário Quintana --

Dedicamos este livro às pessoas que estão interessadas em mudar o mundo.

Agradecimentos

Agradecemos a todos os administradores que se esforçam para tornar as compras públicas mais eficientes e econômicas. Essas pessoas nos inspiraram a querer compartilhar nossa experiência nesta obra.

Aos membros do SISP, do TCU e da CGU, que aplicam seus conhecimentos com empenho para coletar as melhores práticas e padronizar as contratações, o nosso reconhecimento.

Agradecemos também a todos aqueles que, de um modo ou de outro, nos ajudaram com sugestões, críticas ou simplesmente apoio na jornada, que não foi tão simples.

Em especial, agradecemos ao grande amigo Bruno Espírito Santo, pela revisão do texto e sábios apontamentos.

Sumário

Apresentação

Ao longo do tempo, a contratação de serviços de desenvolvimento de sistemas pela administração pública buscou modelos que atendessem as suas necessidades e que permitissem acompanhar a intensa velocidade em que a área de TIC – Tecnologia da Informação e Comunicação evolui. Essa iniciativa acabou resultando na criação da UST – Unidade de Serviço Técnico para dimensionamento de serviços dessa natureza.

Segundo o TCU – Tribunal de Contas da União[1], o primeiro uso da UST de que se tem notícia ocorreu no âmbito de um processo de contratação do STJ – Superior Tribunal de Justiça em 2010 (Pregão 104/2010). A UST consistiu em importante padrão para dimensionamento de esforço para execução de serviços, para distinguir o grau de complexidade, o resultado e a qualidade de atividades demandadas.

Ainda que tenha sido adotada por diversos órgãos da administração pública, a utilização da UST não foi objeto de normatização por parte do governo; por isso, era aplicada com diferentes estruturas de remuneração e de mensuração de indicadores, conforme entendimento dos responsáveis pela elaboração de cada termo de referência. Como consequência, o Poder Executivo, por meio da Controladoria Geral da União, realizou auditoria com foco na área de desenvolvimento de sistemas (RAG CGU nº 05) com recomendações e diretrizes a serem adotadas pelo SISP – Sistema de Administração dos Recursos de Tecnologia da Informação[2]. Disso decorrem várias iniciativas de padronização, como o guia de projetos de software com práticas de métodos; o roteiro de métricas de software; o guia de contagem de pontos de função; a portaria nº 4/2017 sobre mensuração de software; a IN 01/2019

[1] Acórdão 509/2015-TCU-Plenário, de relatoria do Ministro Marcos Bemquerer (peça 164, p.3)

[2] https://www.gov.br/governodigital/pt-br/sisp

SGD/ME (substituída pela IN 94/22) com anexo específico sobre desenvolvimento de software; e outras aplicáveis ao tema.

Também objetivando avaliar e orientar as contratações de software, o TCU identificou uma série de falhas no uso da UST, principalmente no planejamento – abrindo margem para direcionamento e referenciais frágeis de preços. Como consequência, foi realizada auditoria em cinquenta e cinco contratações federais objetivando avaliar, em aquisições baseadas em UST, se a execução contratual estaria assegurando critérios capazes de aferir pagamentos por resultados a preços razoavelmente condizentes. Tal auditoria resultou em acórdão que recomendou à Secretaria de Governo Digital do Ministério da Economia e ao Conselho Nacional de Justiça que orientassem os órgãos e entidades quanto à utilização de critérios objetivos para mitigar o risco de sobrepreço ou superfaturamento em contratações baseadas em UST e similares, garantindo a economicidade dos contratos de desenvolvimento de software.

Com vistas a atender a recomendação constante do acórdão, foi publicado a Portaria SGD/ME nº 5.651/2022, posteriormente substituída pela Portaria SGD/MGI nº 750/2023, que normatiza a contratação de fábrica de software, em especial quanto às formas de remuneração, ao vínculo com os resultados esperados e ao estabelecimento de níveis mínimos de serviços, além de outras medidas necessárias à adequada gestão e ao monitoramento dos contratos. Esta obra ajuda a compreender a portaria e suas quatro modalidades de remuneração, trazendo uma análise do modelo publicado pelo SISP para a contratação de objetos relacionados ao desenvolvimento de software.

capítulo

1

Introdução

Este capítulo apresenta uma visão geral da evolução do desenvolvimento de software na administração pública federal brasileira e dos normativos adotados.

1 Visão histórica da regulamentação do desenvolvimento de software pelo Governo Federal

O Governo Federal, ao longo dos anos, vem estruturando ações para integrar e padronizar as contratações de TI no âmbito de sua atuação. Em 2011, foi criado o Sistema de Administração dos Recursos de Tecnologia da Informação – SISP, por meio do Decreto nº 7.579, com o objetivo de organizar a operação, controle, supervisão e coordenação dos recursos de TI da administração direta, autárquica e fundacional do Poder Executivo Federal.

Em 2015, a Controladoria Geral da União elaborou um relatório de auditoria por área de gestão (RAG CGU nº 05), o qual teve como foco a área de desenvolvimento de sistemas, apontando um conjunto de recomendações, diretrizes e pontos de atenção sobre o processo, o que acabou por impulsionar o MPOG – Ministério do Planejamento, Orçamento e Gestão a gerar iniciativas que resolvessem os apontamentos realizados.

Dentre as diversas iniciativas empreendidas pelo MPOG, destacam-se:

- Guia de projetos de software com práticas de métodos ágeis para o SISP;
- Roteiro de métricas de software do SISP;
- Guia de contagem de pontos de função do SISP para projetos de desenvolvimento;
- Boas práticas, vedações e orientações para a contratação de fábrica de software;
- Portaria nº 4/2017 - Recomendações técnicas para mensuração de software;
- IN 01/2019 SGD/ME - Anexo específico sobre desenvolvimento de software (posteriormente

substituída pela Instrução Normativa SGD/ME nº 94, de 23 de dezembro de 2022).

As regulamentações do SISP ajudaram a orientar as contratações de serviços de TIC no âmbito do governo federal, mas deixaram lacunas que foram gradativamente observadas em fiscalizações do TCU, as quais estão consolidadas através de recomendações nos Acórdãos 2.037/2019 e 1.508/2020.

O Acordão 2.037/2019 é resultado da consolidação de Fiscalização de Orientação Centralizada – FOC, que teve por objetivo avaliar a conformidade das aquisições de TIC em organizações federais, desde a fase de planejamento até a etapa de execução contratual. Dentre as recomendações realizadas pelo órgão fiscalizador à Secretaria de Governo Digital, resumimos a seguir aquelas diretamente relacionadas ao desenvolvimento de software:

- A autoridade máxima da área de TIC deve se manifestar após a conclusão do Estudo Técnico Preliminar, declarando a adequação do respectivo conteúdo às disposições da Instrução Normativa 1/2019-SGD/ME;
- Devem ser elaborados, para as principais espécies de contratos de serviços de TIC com uso de UST (Unidade de Serviços Técnicos) ou similares, catálogos de serviços de referência contendo itens de serviço mais demandados, indicando seu peso em UST e a respectiva descrição;
- Deve-se avaliar a elaboração de normas para utilização de métricas como UST ou similares, observando os seguintes pressupostos:
    - a utilização de métrica cuja medição não seja passível de verificação afronta o disposto na Súmula TCU 269 (Acórdão 916/2015-Plenário, item 9.1.6.8);

- não se deve utilizar a métrica UST para a contratação de serviços de suporte contínuo de infraestrutura de TIC;
- sempre que possível, adotar métrica alternativa à UST, documentando as justificativas da escolha;
- o catálogo de serviços deve especificar atividades diretamente vinculadas aos resultados esperados da contratação, não sendo permitido o pagamento individualizado por serviços intermediários;
- o catálogo de serviços deve incluir o valor contratado de cada serviço e ser amplamente divulgado e estar acessível e disponível aos seus usuários;
- o catálogo de serviços deve conter apenas itens relacionados ao objeto da contratação, especificando no mínimo: nome do serviço, descrição detalhada do serviço, dos respectivos entregáveis e atividades, qualificação dos profissionais necessários, esforço necessário à execução dos serviços, prazo e quantitativo estimado;
- com o objetivo de ampliar a competição no respectivo certame licitatório, sempre que possível, deve-se divulgar a memória de cálculo que justifica o quantitativo de esforço, o quantitativo de unidades de serviço estimado e o fator de ponderação utilizado para cada serviço previsto;
- com o objetivo de minimizar o risco de sobrepreço, exigir do vencedor da licitação a planilha de custo e formação de preço dos serviços a serem ofertados à Administração; e

- o valor contratado deve ser compatível com o valor estimado, sendo a estimativa compatível com a planilha de custo e formação de preço elaborada na fase de planejamento da contratação.

Dentre todas as recomendações, importante destacar a utilização de catálogo de serviços vinculado aos resultados esperados da contratação, com detalhamento do nome de cada serviço, sua descrição detalhada, os respectivos entregáveis e atividades a serem disponibilizados, a qualificação dos profissionais que realizarão os serviços, o esforço necessário à execução dos serviços, o prazo previsto e o quantitativo estimado.

O Acordão 1.508/2020, publicado pelo TCU no ano seguinte à FOC, traz o resultado da auditoria realizada nas 55 contratações públicas federais, com o objetivo de avaliar, especificamente em aquisições baseadas em Unidade de Serviços Técnicos, entre outras denominações similares, se a execução contratual estaria assegurando critérios capazes de aferir pagamentos por resultados a preços razoavelmente condizentes.

Segundo relatório do TCU, a auditoria que originou o Acordão 1.508/2020 foi motivada pelas seguintes razões:

- a identificação de uma série de licitações com falhas no planejamento, trazendo imperfeições como direcionamento, frágeis referenciais de preço, contratos com elevado potencial de sobrepreço ou até mesmo superfaturamento;
- a recorrência do uso indevido da prática UST entre as irregularidades identificadas nas fiscalizações que compuseram a FOC em aquisições de TIC (TC Processo 014.760/2018-5) e em representações autuadas na SEFTI - Secretaria de Fiscalização de Tecnologia da Informação;

- o desvirtuamento dos propósitos iniciais do uso da UST, que originalmente visava a redução do risco nas contratações de prestação de serviços;
- a necessidade de estimular, de modo tempestivo, o aperfeiçoamento de futuras contratações de TIC com pagamentos atrelados a resultados.

Entre as recomendações realizadas no Acórdão 1.508/2020 pelo órgão fiscalizador à Secretaria de Governo Digital, resumimos a seguir aquelas diretamente relacionadas ao desenvolvimento de software:

- Ao prorrogar contratações em vigor baseadas na prática UST e similares:
  - avaliar a economicidade dos contratos e viabilidade de prorrogação com base em análise crítica da composição e formação do preço unitário da UST e do custo total da contratação, objetivando evitar sobrepreço e superfaturamento;
  - submeter a análise de planilha de composição e formação de preços dos serviços à avaliação da autoridade competente;
  - realizar avaliação com estudos técnicos e financeiros sobre o impacto dos parâmetros utilizados e com a análise do fator-k3;
  - formalizar um catálogo de serviços que especifique, em cada serviço, os produtos ou resultados esperados, os perfis profissionais e o esforço estimado, evitando superestimar esforços, produtos ou perfis profissionais.
- Ao realizar novas contratações de serviços de TI:

[3] O fator-k corresponde à razão entre o custo total de um trabalhador (remuneração, encargos sociais, insumos, reserva técnica, despesas operacionais/administrativas, lucro e tributos) e o valor pago ao mesmo trabalhador a título de remuneração.

- utilizar unidades de medida já adotadas por órgão supervisor, abstendo-se de criar unidades de forma unilateral, sem a devida consistência e sem justificativas técnica e econômica;
- avaliar a economicidade dos preços estimados e contratados, realizando a análise crítica da composição de preços unitários e do custo total estimado da contratação, com análise da planilha de composição de custos e do fator-k, submetendo as referidas análises para avaliação e autorização da autoridade competente – evitando, assim, o risco de sobrepreço e de superfaturamento;
- assegurar que todos os parâmetros, pesos ou quaisquer variáveis quantitativas adotadas, que impactem o cálculo da quantidade de serviços e de seu preço, sejam devidamente justificados técnica e economicamente, com vistas a mitigar o risco de sobrepreço e superfaturamento;
- sejam implantados catálogos de serviços, juntamente com todos os detalhamentos cabíveis de cada serviço, a fim de mitigar o risco de antieconomicidade e assegurar a clareza da solução de TI demandada;
- que os catálogos de serviços apresentem o respectivo valor monetário estimado de cada serviço, independentemente da métrica ou unidade utilizada;
- o uso de UST em contratações por meio do Sistema de Registro de Preços – SRP deve ocorrer somente se restar demonstrada a compatibilidade entre o uso de UST (e similares) e o SRP, tanto do ponto de

vista técnico quanto do ponto de vista financeiro, com autorização da autoridade competente;

- definição de critérios objetivos que devem ser observados nas análises de planilha de composição e formação de preços dos serviços e do fator-k, com vistas a mitigar o risco de fixação e de disseminação de critérios subjetivos.

Assim como constava no Acordão 2.037/2019, as recomendações do Acórdão 1.508/2020 reforçam a utilização do catálogo de serviço vinculado aos resultados esperados da contratação. Além disso, proíbe a criação de unidades de medida de forma unilateral sem os devidos estudos e estabelece a necessidade de avaliação da economicidade dos preços estimados e contratados, realizando a análise crítica da composição de preços unitários e do custo total estimado da contratação e a análise da planilha de composição de custos e formação de preços dos serviços e do fator-k. Determina ainda que pesos ou quaisquer variáveis quantitativas adotadas, os quais possam impactar o cálculo da quantidade de serviços e de seu preço, sejam devidamente justificados técnica e economicamente.

Para atendimento a todas essas demandas e objetivando estabelecer um padrão único para o SISP, a Secretaria de Governo Digital publicou o Modelo de Contratação de Serviços de Desenvolvimento, Manutenção e Sustentação de Software, inicialmente por meio da Portaria nº 5.651/22, que foi substituída pela Portaria nº 750/23, a qual será o objeto de estudo desta obra.

2 A Portaria 750 de 2023

A Portaria SGD/MGI nº 750, de 20 de março de 2023, que observa as recomendações do TCU proferidas pelos acórdãos 2.037/2019 e 1.508/2020, objetiva padronizar e normatizar a contratação dos serviços de desenvolvimento, manutenção e sustentação de software, em especial quanto às formas de remuneração e à necessidade de vinculação ao alcance de resultados e estabelecimento de níveis mínimos de serviços, tratando também de outras medidas necessárias à adequada gestão e ao monitoramento dos contratos.

Segundo a Secretaria de Governo Digital – SGD, "pretende-se com esse normativo incentivar o uso da abordagem de desenvolvimento ágil associada ao atendimento a níveis mínimos de serviços e ao alcance de metas de produtividade baseadas em métricas objetivas, bem como estimular a adoção de critérios e de mecanismos para assegurar a qualidade técnica dos produtos de software desenvolvidos e sustentados"[4].

A portaria determina, em seu Art. 2º, que o modelo seja obrigatoriamente utilizado pelos órgãos e entidades integrantes do SISP. Permite ainda que outros modelos sejam utilizados desde que devidamente justificados e formalmente aprovados pela SGD.

Segundo instruções da SGD publicadas no site da Secretaria[5], a não aplicação das diretrizes do modelo ocorrerá de forma excepcional, devendo observar as seguintes orientações:

---

[4]https://www.gov.br/governodigital/pt-br/contratacoes/modelo-para-a-contratacao-de-servicos-de-desenvolvimento-manutencao-e-sustentacao-de-software

[5]https://www.gov.br/governodigital/pt-br/contratacoes/modelo-para-a-contratacao-de-servicos-de-desenvolvimento-manutencao-e-sustentacao-de-software

- avaliar a viabilidade de utilização de modelos já adotados na Administração, a fim de aumentar o nível de padronização nas contratações no âmbito do SISP;
- não utilizar métrica de remuneração cuja medição não seja passível de verificação, nos termos da Súmula TCU 269;
- avaliar a economicidade dos preços estimados e contratados, realizando a análise crítica da composição de preços unitários e do custo total estimado da contratação; e
- abster-se de criar unidades de medida de forma unilateral, sem prévia avaliação técnica, econômica e de padronização.

No caso de ampliação ou adaptação do modelo proposto na portaria, fica o órgão ou entidade obrigado a dar ciência à SGD, com a justificativa e fundamentação da sua decisão – o que será objeto de análise para eventual incorporação das melhorias nos instrumentos normativos vigentes. A referida justificativa deve estar baseada nos estudos técnicos a serem realizados pelos órgãos ou entidades, devendo ainda observar todos os normativos vigentes.

A portaria traz referência ao processo de desenvolvimento, ao uso de métodos ágeis e à elaboração de estudos técnicos e documentação preliminar, apresentando quatro modalidades de remuneração:

- Pagamento aferido por Pontos de Função e complementado por Horas de Serviço Técnico;
- Pagamento de valor fixo por sprint executada;
- Pagamento por alocação de profissionais de TIC; e
- Pagamento de valor fixo mensal por portfólio de softwares.

Qualquer das modalidades previstas na portaria está vinculada ao alcance de resultados e ao atendimento de níveis mínimos de serviço. Em suma, o modelo proposto pela portaria:

- Dispõe de diretrizes estratégicas para divisão do objeto, seleção do portfólio de produtos de software, gestão da capacidade de fiscalização e gerenciamento de projetos e adoção de metodologias ágeis;
- Define diretrizes para a seleção da(s) modalidade(s) de contratação;
- Traz orientações quanto aos mecanismos de gestão e de controle, dimensionamento do volume a ser contratado e forma de pagamento para as modalidades padronizadas de remuneração;
- Traz orientações sobre a formação, alocação e compartilhamento de profissionais em times ágeis;
- Dispõe de diretrizes para a mensuração de software, que deve ser aferida independente da modalidade de contratação;
- Traz sugestões para tratamento de riscos específicos para contratação de serviços de desenvolvimento, manutenção e/ou sustentação de softwares;
- Contempla orientações sobre a contratação de serviços de mensuração de software.

Embora a portaria não obrigue sua utilização pelos demais órgãos da administração pública, aí inseridas as esferas estaduais e municipais e os poderes legislativo e judiciário, ela deverá possivelmente nortear o entendimento das Cortes de Contas estaduais e as normatizações nas demais esferas e poderes, que provavelmente utilizem a experiência do governo federal na definição de seus normativos próprios.

Não obstante, as características do modelo e as ferramentas de apoio desenvolvidas pela SGD podem e devem ser utilizadas pelos órgãos, independentemente de obrigatoriedade, já que estabelecem critérios claros e objetivos para definição das contratações de fábrica de software – estando em conformidade com as recomendações do TCU.

Além da Portaria nº 750/23, importante destacar outros normativos relevantes no âmbito de aquisições de TI, também aplicáveis aos órgãos do SISP:

- Portaria SGD/ME nº 6.432/21: define um modelo de contratação de serviços de operação de infraestrutura e atendimento a usuários de Tecnologia da Informação e Comunicação, no âmbito dos órgãos e entidades integrantes do SISP do Poder Executivo Federal.
- Portaria SGD/ME nº 844/22: estabelece modelo de contratação de serviços de outsourcing de impressão, no âmbito dos órgãos e das entidades integrantes do SISP do Poder Executivo Federal.
- IN 01/2019: modificada pelas Instruções Normativas SGD/ME nº 202 de 2019, SGD/ME nº 31 de 2021, SGD/ME nº 47 de 2022 e SGD/ME nº 94 de 2022, estabelece processo de contratação de soluções de Tecnologia da Informação e Comunicação pelos órgãos e entidades integrantes do SISP do Poder Executivo Federal.
- IN 05/2021: define os requisitos e procedimentos para aprovação de contratações ou de formação de atas de registro de preços, estabelecendo os mecanismos de alçada de valor.

3 Serviços (escopo e abrangência)

O escopo, no âmbito da gestão de projetos de software, designa a especificação do limite dentro do qual os recursos de um sistema podem ser utilizados; ou seja, o que faz parte e o que não faz parte do projeto. No caso da Portaria 750/23, o escopo define as fronteiras sobre as quais o instrumento normativo possui aplicação. Sob essa ótica, ela define um modelo específico para o desenvolvimento, a manutenção e a sustentação de software.

Como desenvolvimento, entende-se o ato de elaborar, construir e implementar um sistema computacional, por meio da transformação da necessidade de um usuário, grupo de usuários ou mercado específico em um produto de software. Trata-se do uso aplicado de processos da engenharia de software, combinado com a pesquisa e o levantamento das necessidades para concepção de solução a ser desenvolvida (sistema).

A manutenção pode ser entendida como um processo estruturado para introduzir melhorias e novas funcionalidade em um sistema – em desenvolvimento ou já desenvolvido – e corrigir erros eventualmente encontrados na aplicação. Caracteriza-se pelas alterações no sistema realizadas após sua disponibilização em ambiente de produção.

O serviço de sustentação é definido pela SGD como um conjunto de atividades realizadas com o objetivo de manter a disponibilidade, a estabilidade e o desempenho do software em produção. Deve atender aos níveis de serviço estabelecidos pelo contratante, sendo admitida a inclusão, neste serviço, de manutenções de pequeno porte – com limites baseados em métricas de software e definidos preliminarmente.

Por serem considerados soluções de TIC, os serviços de desenvolvimento, manutenção e sustentação de software devem observar, além da Portaria 750/23, o disposto na Instrução Normativa SGD/ME nº 94, de 23 de dezembro de 2022, a qual estabelece o processo de contratação de soluções de TIC pelos órgãos e entidades integrantes do SISP do Poder Executivo Federal

A portaria ainda recomenda que, no que couber, sejam observados os padrões e normas aplicáveis à engenharia de software, como por exemplo:

- ABNT NBR ISO/IEC-IEEE 12.207/2021: voltada à engenharia de software, a norma estabelece processos, incluindo suas atividades e tarefas, para aplicação no desenvolvimento de sistemas; objetiva estabelecer uma estrutura que ajude contratantes e desenvolvedores a compreender os componentes do objeto e "falar uma linguagem única" em sua execução.
- ISO/IEC-IEEE 14.764/2006: descreve com detalhes o gerenciamento do processo de manutenção de software descrito na ISO/IEC 12207, e fornece orientação que se aplica ao (i) planejamento, execução e controle, (ii) revisão e avaliação e (iii) encerramento do processo de manutenção.
- ISO/IEC-IEEE 25.010/2017: voltada à qualidade do produto de software, a norma define modelos de avaliação da qualidade de software e sistemas, introduzindo características de segurança e compatibilidade com relação à norma anterior (ISO/IEC 9126).

No que tange às atividades, o modelo proposto na Portaria 750/23 abrange aquelas de desenvolvimento e manutenção de software, inclusive (i) gestão de dados; (ii) testes, mensuração, segurança e controle de qualidade; (iii) projeto, análise de requisitos,

UX - *User Experience*, codificação, testes, implantação e inspeção de software; (iv) modelagem e implantação de banco de dados; (v) automação de processos; e (vi) desenvolvimento focado na experiência do usuário.

No sentido contrário, traz exclusão em seu escopo das atividades (i) de suporte e operação de infraestrutura; (ii) de soluções comercializadas como serviço (SaaS); (iii) de soluções embarcadas; e (iv) da contratação de licenciamentos únicos ou mensais. Essas atividades não são objeto do modelo proposto.

Todas as atividades descritas na portaria trazem uma abordagem orientada pela entrega de valor ao cliente, com o atendimento às expectativas e necessidades dos usuários, sempre medido por métricas que ajudem a verificar se os níveis mínimos de serviços foram atendidos. O contratante deve avaliar se o produto entregue satisfaz as demandas dos usuários e verificar se todos os requisitos estabelecidos foram atendidos antes de autorizar o pagamento pelos serviços – o qual deve estar vinculado, além da entrega de produto de software, à modalidade de remuneração escolhida (vide o capítulo sobre modalidades de remuneração para mais detalhes).

A portaria apresenta, ainda, diretrizes estratégicas a serem utilizadas na seleção do portfólio de produtos de software de cada órgão ou entidade, devendo os projetos de novos desenvolvimentos estarem alinhados ao Plano Diretor de Tecnologia da Informação e Comunicação – PDTIC. Adicionalmente, o contratante deve avaliar se existe solução de mercado que possa atender as suas demandas. Na maior parte dos casos, adotar soluções de mercado pode reduzir prazos e custos relacionados ao software. Contudo, geralmente requer que o contratante adapte seus processos para se adequar à solução contratada. Para órgãos e entidades do SISP, o modelo proíbe a contratação de desenvolvimento de softwares de atividades de área meio, salvo quando autorizado pelo órgão central.

4 Glossário de termos

Para a completa compreensão do instrumento normativo, é importante conhecer os termos e definições estabelecidos na Portaria 750/23, os quais detalhamos a seguir.

Análise de Ponto de Função – APF

Análise de Pontos de Função é um método para a medição de tamanho funcional de um software a partir da visão do usuário.

A APF mede o software atribuindo pontuação às funcionalidades que ele fornece ao usuário, primordialmente com base no projeto lógico da solução.

O objetivo da análise de pontos de função é medir: (i) a funcionalidade implementada no software, que o usuário solicita e recebe; e (ii) a funcionalidade impactada pelo desenvolvimento, melhoria e manutenção de software, independentemente da tecnologia utilizada na implementação.

A métrica é definida pelas normas ISO/IEC 14143-1:2007, ISO/IEC 20926:2009, COSMIC (ISO/IEC 19761:2011), ou por métricas derivadas desses padrões internacionais, como as contagens da *Netherlands Software Metrics Association* (NESMA) ou *Simple Function Point* (SFP) do *International Function Point Users Group* (IFPUG).

Aplicação

Trata-se de um conjunto coeso de dados e procedimentos automatizados através de linguagem de programação para executar um grupo de funções, tarefas ou atividades para benefício do usuário, podendo consistir em um ou mais componentes, módulos ou subsistemas.

Backlog do produto

Representa tudo que é necessário para desenvolver e lançar um produto de valor agregado ao negócio.

É uma lista priorizada de todos os requisitos (funcionais e não funcionais), funções, tecnologias, melhorias e correções de defeitos com os quais o time de desenvolvimento trabalhará no decorrer do projeto, constituindo as mudanças que serão efetuadas no produto para versões futuras.

Trata-se da lista de itens a serem entregues ao cliente ao longo do tempo.

Desenvolvimento ágil

Abordagem de desenvolvimento de software baseada em metodologias ágeis, de acordo com as quais os requisitos e as soluções evoluem por meio da colaboração em equipes multifuncionais e por meio de feedback contínuo com stakeholders.

Há diferentes métodos capazes de prover um desenvolvimento ágil de software, a exemplo de: *Scrum*, *Extreme Programming* (XP), *Kanban*, *Lean*, *Crystal Clear*, *Feature Driven Development*, entre outros.

Dívida Técnica

Consiste em decisões de codificação que a equipe de desenvolvimento toma quando escolhe, por exemplo, um design ou uma abordagem fácil de implementar no curto prazo, mas que podem comprometer ou encarecer mudanças futuras, no limite de, até mesmo, inviabilizá-las.

O nome "dívida técnica" é uma alusão à dívida financeira, para a qual exige-se pagamento com juros, a saber esforço extra de manutenção ou necessidade de refatoração, como exemplo.

Nesse sentido, ao escolher um padrão de código que traz difícil manutenção, sempre que necessária essa manutenção, haverá esforço adicional para fazê-lo – o pagamento com juros.

Fronteira da aplicação

Pode ser entendida como a interface conceitual que delimita o software que será medido e seus usuários.

A fronteira entre aplicações relacionadas está baseada nas áreas funcionais, segmentadas conforme visão do usuário e não em considerações técnicas. Ela delimita o software e o mundo externo, isto é, o que faz parte das funcionalidades previstas para a aplicação e o que não faz.

História de usuário

Descrição em linguagem natural, a partir da perspectiva do usuário final, de um recurso de software.

São algumas frases em linguagem simples que delineiam o resultado desejado; ou seja, como uma única tarefa pode oferecer um determinado valor ao cliente.

Horas de Serviço Técnico – HST

Métrica baseada na quantidade de horas necessárias para se alcançar um resultado ou entregar um produto, por meio de atividades executadas por um ou mais perfis profissionais, aferidas a partir de indicadores de níveis mínimos de serviço e critérios de aceitação previamente estabelecidos.

Implantação

Ação de tornar o sistema ou o conjunto de funcionalidades disponível para os usuários, transferir dados dos softwares existentes e estabelecer comunicações com outros softwares no ambiente.

Corresponde à fase do ciclo de vida de um software em que ocorre a passagem do sistema para o ambiente de produção.

Implementação

Processo que transforma requisitos, arquitetura e design, incluindo interfaces, em ações que criam um elemento ou componente de software de acordo com as práticas de codificação previamente estabelecidas, usando técnicas, especialidades ou disciplinas de desenvolvimento de software.

Esse processo resulta em um elemento de software que segue uma arquitetura e design estabelecidos.

Incremento de produto

Versão de um produto que pode ser liberada ao final de um intervalo de tempo determinado (*timebox*).

Metodologias ágeis

Conjunto de práticas que visam a entrega rápida e de alta qualidade do produto ou serviço e promovem um processo de gerenciamento de projetos – o qual incentiva a inspeção e adaptação frequente –, beneficiando a eficiência e efetividade dos gestores públicos no controle da prestação dos serviços de TIC, haja vista que o foco passa a ser realmente nas atividades que entregam valor às áreas de negócios.

Níveis mínimos de serviço

São regras objetivas e estáticas que definem características e/ou valores mínimos de alcance a uma meta estipulada para a contratação, a qual deve ser cumprida pela empresa contratada.

Representam um compromisso assumido por um prestador de serviços perante um cliente para que se possa medir como estão se comportando os entregáveis dos serviços.

Produto de Software ou Software

Conjunto de artefatos gerados para criação de uma solução de TIC, tais como: programas, procedimentos, rotinas ou scripts, componentes, *Application Programming Interface* – API, webservices, dados e documentação associada.

Projeto ágil

Projeto de desenvolvimento de software baseado na metodologia de desenvolvimento ágil.

Proprietário/dono do produto (*product owner*)

Servidor e/ou representante da contratante que compartilha a visão do produto, incluindo funcionalidades necessárias e critérios de aceitação.

É o profissional que representa o interesse da organização, define as funcionalidades do produto e prioriza os itens do backlog de produto.

Qualidade de software

É a capacidade do software em satisfazer as necessidades declaradas e implícitas das partes interessadas.

Representa o grau de conformidade do software com os requisitos estabelecidos para ele.

Release

Distribuição e/ou liberação de um incremento de produto para um cliente ou usuários.

Requisitos funcionais

Conjunto de requisitos do usuário que descrevem o que o software deve executar em termos de tarefas e serviços.

Requisitos não funcionais

Conjunto de requisitos do usuário que descrevem não o que o software deve executar, mas sim como deve ser projetado e construído, incluindo menção às tecnologias e aos atributos de qualidade, de desempenho e de segurança.

Reunião diária

Reunião curta, limitada a um período, usada para discutir o progresso, planos e quaisquer impedimentos com membros de um time ágil.

Software pronto para uso

Software disponibilizado com um conjunto de funcionalidades já disponíveis, isto é, sem a necessidade de serem desenvolvidas (implementadas). Comumente conhecimento como "software de prateleira" ou *Ready to Use Software Product – RUSP*.

Roadmap ou Visão do produto

Plano de ação que estabelece como um produto evoluirá ao longo do tempo.

Esse plano apresenta uma linha do tempo com marcos de alto nível para o ciclo de vida do produto, particularmente o cronograma para implantação de funcionalidades, com vistas a orientar o progresso em direção a uma meta definida.

Softwares de atividades-meio

Aqueles utilizados para apoio de atividades de gestão ou administração operacional – como por exemplo softwares de recursos humanos, ponto eletrônico, portaria, biblioteca, gestão de patrimônio, controle de frotas, gestão eletrônica de documentos – e que não têm por objetivo o atendimento às áreas finalísticas para a consecução de políticas públicas ou programas temáticos.

Sprint

Consiste em um ciclo de desenvolvimento, geralmente um período de até quatro semanas, utilizando metodologia ágil

Durante este ciclo, um conjunto de histórias de usuário são priorizadas para serem projetadas, desenvolvidas, testadas e homologadas para serem disponibilizadas em ambiente de produção.

Time/Equipe ágil

Pequeno grupo multifuncional de pessoas (entre três a dez membros) que colaboram no desenvolvimento de um produto, no contexto de uma metodologia ágil.

Timebox

Intervalo de tempo fixo, previamente estabelecido, durante o qual um indivíduo ou equipe trabalha ininterruptamente para a conclusão de um objetivo acordado.

capítulo

2

Modelos de Contratação

Este capítulo apresenta o processo de desenvolvimento baseado em métodos ágeis, a necessidade dos estudos preliminares à contratação, a possibilidade de divisão do objeto para redução do risco e as quatro modalidades de contratação previstas na Portaria 750/23

1 O processo de desenvolvimento e o uso de métodos ágeis

O professor Raul Waslawick, em seu livro sobre Engenharia de Software[6] definiu o processo de desenvolvimento de software como sendo "um conjunto de passos de processo parcialmente ordenados, relacionados a artefatos, pessoas, estruturas organizacionais e restrições, tendo como objetivo produzir e manter os produtos de software finais requeridos".

Ao contratar a criação de um software, assim entendido como sendo os serviços de construção, manutenção e sustentação (fábrica de software), o processo de desenvolvimento deve ser formalmente estabelecido e publicado pelo órgão ou entidade no ato convocatório, no corpo do próprio documento ou em um anexo.

Isso é o que estabelece a Portaria 750/23, a qual reforça, ainda, que deve ser preferencialmente adotado o processo de desenvolvimento de software estabelecido pelo SISP.

Estabelecer um processo passa por selecionar uma metodologia de desenvolvimento e elencar os rituais a serem adotados, os artefatos a serem produzidos e as pessoas a serem envolvidas com suas respectivas atribuições e metas.

Entre as metodologias existentes, a portaria sugere, em seu Artigo 4º, que sejam utilizadas preferencialmente metodologias ágeis, com processo segmentado em iterações curtas, entregas frequentes e projetos com escopos delimitados.

---

6 Wazlawick, Raul Sidnei. Engenharia de Software: conceitos e práticas. Rio de Janeiro: Elsevier, 2013.

Um exemplo de metodologia ágil amplamente utilizada por desenvolvedores de softwares e sistemas é o Scrum, que apresenta boas práticas para gerenciamento de projetos complexos, dos quais não se conhece preliminarmente todos os requisitos ou necessidades.

O Scrum busca a simplicidade e clareza dos processos, dando visibilidade ao andamento das etapas. Com foco nos membros do time, o método ajuda a organizar as equipes e dividir as tarefas em demandas menores, para aumentar a eficiência do processo. A atividade é planejada em ciclos, denominados de *sprints*, com esforço definido e entregas estabelecidas.

Cada *sprint* contempla um conjunto de histórias de usuários, as quais são desenvolvidas e entregues de forma incremental, com refinamentos repetidos constantemente.

Independente da metodologia ágil a ser adotada, a portaria traz parâmetros orientativos a serem observados, os quais incluem:

- a configuração do time responsável pela execução, contemplando perfil e regras de compartilhamento;
- a duração da sprint;
- as metas de velocidade de execução da sprint, tendo como parâmetros as histórias de usuário, as linhas de código produzidas e/ou a contagem de pontos de função;
- as metas de planejamento do escopo, com identificação do executado na sprint em comparação ao escopo planejado; e,
- as metas de execução dos itens planejados do backlog, para medir o esforço em novas funcionalidades comparado ao esforço com refatorações de código, dívidas técnicas e correção de erros.

Adicionalmente a esses parâmetros, as metodologias ágeis abordam diversas dimensões, as quais estão relacionadas ao ciclo de vida de construção e utilização de software. Como essas dimensões variam de acordo com a metodologia selecionada, é preciso estabelecer procedimentos e diretrizes que envolvam o fluxo de valor do produto e sua visão, de forma a evitar desperdícios com funcionalidades que podem ser evitadas ou eliminadas. Também devem ser contempladas na definição o planejamento do *roadmap*, os papéis de cada integrante da equipe, a codificação limpa e segura, os testes e validações, a verificação e implantação e os fluxos de manutenção e sustentação.

Esses procedimentos e diretrizes devem ser parte integrante do planejamento do projeto, elaborado em fase inicial da contratação.

Para o sucesso do projeto, é importante contar com o conhecimento e experiência de profissional especialista em métodos ágeis, podendo ser servidor do órgão ou um profissional contratado. No mesmo sentido, para evitar projetos cujo resultado não alcance as necessidades do usuário, deve-se evitar o início sem o adequado planejamento do produto.

O planejamento do produto deve contemplar, no mínimo, (i) o documento de visão; (ii) as regras de negócio; (iii) o plano de *releases*; e (iv) as *sprints* e *backlog* do produto.

A portaria recomenda, ainda, que o processo de desenvolvimento a ser adotado pela contratante conte com diretrizes e códigos de boas práticas na construção de softwares, incluindo definições técnicas, orientações de requisitos mínimos de qualidade e a padronização dos aspectos técnicos da codificação.

Quando o órgão ou entidade contratante não possui diretrizes ou códigos de práticas de construção de softwares formalizados em seu processo de desenvolvimento, é necessário que o ato convocatório contenha anexo que estabeleça os requisitos mínimos de qualidade e padronização referentes aos aspectos técnicos das atividades de codificação.

Por ser recomendada a aplicação de glosas e sanções administrativas, o que será tratado no decorrer desta obra, é relevante contar com ferramenta de gestão de projetos ágeis, facilitando, assim, o gerenciamento do cálculo dos níveis de serviço – que serão apurados de forma automática.

O mecanismo de glosas deve considerar aplicação progressiva no caso de rejeição recorrente de *sprints* e entregas, além da aplicação das sanções estabelecidas no termo de referência.

O contratante deve nomear equipe de fiscalização e gestão contratual responsável por gerenciar o processo, promovendo as correções e melhorias necessárias, buscando sempre meios de corrigir o descumprimento reiterado por parte da contratada.

2 Estudos e documentação preliminar

A primeira etapa do processo de contratação é a elaboração dos estudos e documentação preliminares do projeto. Essa orientação é estabelecida pela Instrução Normativa SGD/ME nº 94, a qual deve ser observada complementarmente pelos órgãos e entidades do SISP.

A IN-94, de 23 de dezembro de 2022, regulamenta o processo de contratação de soluções de TIC pelos órgãos e entidades do Executivo Federal.

No artigo 8º, a IN determina que as contratações de TIC observem as seguintes fases:

- Planejamento da Contratação;
- Seleção do Fornecedor; e,
- Gestão do Contrato.

Recomenda ainda que, em todas as fases do processo de contratação, sejam observadas as atividades de gerenciamento de riscos previstas na Instrução Normativa.

Planejamento da Contratação

A fase de planejamento da contratação, executada por ocasião do início do projeto, é composta por três etapas:

1. Definição da Equipe de Planejamento da Contratação;
2. Execução do Estudo Técnico Preliminar da Contratação;
3. Criação do Termo de Referência ou Projeto Básico.

A equipe de planejamento da contratação é responsável por executar todas as etapas do planejamento, devendo, também, auxiliar posteriormente as áreas responsáveis na fase de seleção do fornecedor.

Para efeito de documentação do processo, tal equipe deve manter arquivo de todos os fatos relevantes ocorridos, incluindo comunicações, atas de reunião, consultas públicas e decisões das autoridades competentes, sendo diretamente responsável pelo registro dos documentos gerados e/ou recebidos durante o planejamento.

A equipe de planejamento da contratação é constituída a partir da oficialização da demanda pela área requisitante, que constitui o início do planejamento da contratação.

O Documento de Oficialização da Demanda – DOD é o documento que formaliza essa etapa e, por consequência, inicia o processo de planejamento.

A área requisitante deve detalhar no DOD a necessidade da contratação, considerando os objetivos estratégicos da instituição, as necessidades corporativas e o alinhamento ao Plano Diretor de Tecnologia da Informação e Comunicação – PDTIC e ao Plano Anual de Contratações.

Junto do detalhamento da demanda, a área requisitante deve motivar a necessidade da contratação, descrevendo as justificativas e os resultados esperados. O documento também deve incluir a fonte dos recursos a serem utilizados e a indicação formal do integrante do setor requisitante, que comporá a equipe de planejamento da contratação.

Então, o DOD deve ser remetido pela área requisitante da solução à área de TIC da organização.

Após o recebimento, a área de TIC deverá avaliar o alinhamento da demanda com o PDTIC e com o Plano Anual de Contratações e indicar o integrante técnico para compor a equipe de planejamento da contratação.

O DOD deverá ser, por fim, encaminhado à autoridade competente da área administrativa, que decidirá motivadamente com relação à contratação, indicando o integrante administrativo e instituindo formalmente a equipe de planejamento da contratação.

A segunda etapa da fase de planejamento é a construção do Estudo Técnico Preliminar da Contratação – ETP, que deverá abranger as tarefas de especificação das necessidades de negócio e tecnologia e dos requisitos necessários para a escolha da solução.

Essa é a fase mais complexa e importante do planejamento, pois orientará o processo de desenvolvimento de software, descrito no capítulo anterior, e contemplará uma análise comparativa de soluções – com o objetivo de avaliar os aspectos econômicos e qualitativos em termos de benefícios da contratação, além de permitir uma estimativa do custo total previsto para a contratação e consequente declaração de viabilidade, com justificativa da solução escolhida.

A análise comparativa de soluções deve ser extensa e deve incluir um estudo aprofundado:

- das necessidades similares em outros órgãos e as soluções adotadas;
- das alternativas disponíveis no mercado;
- da existência de softwares disponibilizados pelo governo federal;
- das políticas, dos modelos e dos padrões de governo;
- das necessidades de adequação do ambiente para a execução contratual;

- da possibilidade de aquisição na forma de bens ou contratação como serviço;
- da ampliação ou substituição da solução implantada; e,
- das diferentes métricas de prestação do serviço e de pagamento.

A análise comparativa de custos, por sua vez, também necessita ser realizada como parte do estudo técnico, abrangendo as soluções técnica e funcionalmente viáveis e incluindo o cálculo dos custos totais de propriedade (*Total Cost Ownership* – TCO) e a memória de cálculo com referência dos preços e dos custos utilizados na análise – permitindo, assim, que seja verificada a origem dos dados.

A última etapa da fase de planejamento da contratação é a criação do Termo de Referência ou Projeto Básico, que deverá ser elaborado pela equipe de planejamento da contratação, com base e fundamento no ETP realizado.

É no termo de referência que o órgão ou entidade define o objeto da contratação, descrevendo detalhadamente a solução de TIC a ser contratada. Trata-se do documento que orientará a seleção do fornecedor e regerá a relação da entidade com ele.

O termo de referência deve contemplar, além do detalhamento do objeto a ser contratado:

- A classificação de cada item conforme o catálogo de materiais ou serviços (no caso do Governo Federal, CATMAT e CATSER respectivamente);
- A justificativa da escolha realizada;
- Os requisitos da contratação;
- A definição das responsabilidades da contratante e da contratada;
- O modelo de execução e gestão do contrato;
- As estimativas de preços;

- A adequação orçamentária;
- O cronograma físico-financeiro da contratação;
- O regime de execução do contrato;
- Os critérios técnicos para seleção do fornecedor; e,
- O índice de correção monetária, para os casos em que a duração do contrato exceder 12 (doze) meses e a correção monetária for aplicável.

Nas situações em que o contratante necessite avaliar a completude e a coerência da especificação dos requisitos, a adequação e a exequibilidade dos critérios de aceitação, é possível realizar uma consulta ou audiência pública, por meio da qual os participantes poderão encaminhar sugestões e apontar correções acerca da contratação.

Muitas vezes, em função da complexidade do objeto, é necessário que o contratante exija apresentação de amostra do produto ou realize uma prova de conceito para a devida comprovação de conformidade. Quando exigida amostra, o termo de referência deve apresentar os procedimentos e critérios objetivos a serem utilizados na avaliação dessa amostra.

A justificativa para contratação, elaborada pela equipe de planejamento, tem de demonstrar a compatibilidade da necessidade evidenciada nos estudos técnicos e os respectivos volumes e características incluídos no objeto, apresentando a forma de cálculo utilizada para a definição do quantitativo de bens e serviços e os resultados e benefícios esperados. É importante que a justificativa seja clara e precisa, ficando proibido o uso de justificativas genéricas, que não demonstrem as reais necessidades da contratação.

Os critérios de seleção do fornecedor, incluídos no ato convocatório, são extremamente relevantes, já que determinarão uma espécie de filtro aos participantes interessados. Por isso, precisam considerar critérios utilizados pelo mercado, assegurando a aderência da contratação a padrões já utilizados e consolidados, e ao mesmo tempo garantindo a ampla participação no processo.

Podem ser exigidos atestados de capacidade técnica, adotando necessariamente como regra a possibilidade do somatório de atestados para comprovação. Quando não permitido, o contratante deve incluir justificativa técnica no ato convocatório.

Na qualificação técnica da fase de habilitação, não podem ser exigidas declarações ou cartas de fabricantes que comprovem parceria ou credenciamento.

Seleção do Fornecedor

A fase de Seleção do Fornecedor consiste na determinação de como ocorrerá a contratação da empresa prestadora do serviço de desenvolvimento de software, incluindo a maneira pela qual se pretende selecioná-la.

As possibilidades de se selecionar um fornecedor são:

- Contratação por inexigibilidade;
- Contratação por dispensa;
- Licitação, indicando o tipo e a modalidade de licitação que devem ser adotados;
- Adesão a ata de registro de preços.

A equipe de planejamento da contratação deve avaliar todas essas formas, realizando um confronto com as informações e soluções avaliadas no ETP.

Qualquer que seja a forma escolhida, ela deverá ser descrita no termo de referência, contemplando o enquadramento legal e a justificativa da escolha.

No caso da escolha de contratação do fornecedor por intermédio de licitação, esta tem de ser processada, preferencialmente, por meio de pregão eletrônico.

Esse assunto traz muita polêmica, pois o pregão é uma modalidade de licitação que exige a definição de objeto comum, assim entendido aquele cujos padrões de desempenho e qualidade podem ser descritos de forma objetiva, a partir de padrões pré-estabelecidos e conhecidos do mercado.

O TCU já se manifestou a respeito no Acórdão 2.471/2008-TCU-Plenário, recomendando ao Ministério do Planejamento prever, em documento normativo específico, que os órgãos e entidades da Administração Pública Direta, Autárquica e Fundacional utilizem o pregão para contratar bens e serviços de TIC.

A principal motivação de tal decisão está no fato de que, devido à padronização existente no mercado, os bens e serviços de TIC geralmente atendem a protocolos, métodos e técnicas pré-estabelecidos e conhecidos e a padrões de desempenho e qualidade que podem ser objetivamente definidos por meio de especificações usuais no mercado. Logo, esses bens e serviços deveriam, por essa recomendação, ser considerados comuns para fins de utilização da modalidade Pregão.

Entretanto, profissionais do setor de TIC alegam que as licitações do tipo técnica e preço e melhor técnica seriam mais seguras que o pregão, pois a licitação por pregão usa como critério essencial o preço, o que pode levar o órgão a contratar soluções que não lhe atendam ou sejam de baixa qualidade levando a contratações por valores superiores, com consequente desperdício de recursos públicos.

O TCU, por sua vez, entende que essa é uma situação que pode ser facilmente mitigada, pois a qualidade do objeto deve sempre ser buscada com a utilização do binômio especificação-gestão do contrato, independentemente da forma de seleção do fornecedor.

Gestão do Contrato

A fase de gestão do contrato é aquela em que o órgão acompanha o desenvolvimento da solução e produção dos resultados esperados pela contratação, conforme as necessidades que desencadearam o projeto – descritas no DOD.

Trata-se da fase na qual ocorre a fiscalização das entregas, avaliando os prazos e a qualidade dos produtos de software gerados, bem como a aderência aos requisitos de negócio do projeto.

Para que a fiscalização possa ser realizada de forma consistente, o gestor e/ou o fiscal do contrato devem ter como base o processo de desenvolvimento detalhado, os artefatos previstos e as regras de negócio, o plano de *releases*, as *sprints* e o backlog de produto incluídos no planejamento da solução.

O acompanhamento é de responsabilidade da equipe de gestão do contrato, designada formalmente por autoridade competente da instituição. A nomeação, além dos representantes da organização que atuarão na gestão do contrato, tem de contemplar seus eventuais substitutos.

De outro lado, a empresa contratada deve formalizar, após a assinatura do contrato, o preposto que fará a interação com o órgão – isto é, a pessoa responsável por responder formalmente pelas atividades de governança do contrato pelo lado da contratada.

É recomendada a execução de reuniões periódicas de acompanhamento do projeto (reuniões de governança), que possibilitem a avaliação do andamento do desenvolvimento, e, havendo necessidade, a elaboração de planos de recuperação de desvios e ajustes.

Caso a empresa contratada não apresente os critérios de qualidade descritos no ato convocatório, o gestor deve acionar as glosas e penalidades previstas na contratação.

Por esse motivo, esses critérios não podem ser subavaliados ou serem subjetivos, já que podem levar a dificuldade (ou até impossibilidade) de se obter o objeto do contrato ou de fazer com que a contratada cumpra as obrigações legais e por ela assumidas.

3 Divisão do objeto e gestão da capacidade

Um dos pontos a serem observados ao detalhar o estudo preliminar do projeto é a definição do objeto da contratação e a capacidade da administração em gerir esse objeto.

A escolha pelo parcelamento ou não deve ser baseada na análise de viabilidade técnica e vantagens econômicas trazidas pelo fracionamento do objeto, as quais devem constar em justificativa fundamentada da decisão tomada pelo contratante.

A possibilidade de divisão do objeto já estava prevista na IN-94 e é consolidada na Portaria 750/23, a qual também apresenta essa opção ao órgão contratante.

A portaria estabelece que a análise da possibilidade de divisão do objeto em lotes deve ocorrer na fase de Planejamento da Contratação, indicando o uso de critérios claros para estabelecer as fronteiras de cada lote, tais como a área de negócio, o volume de demandas e/ou a tecnologia a serem empregados.

Isto permite, quando a divisão do objeto é viável, a contratação de mais de um fornecedor, apoiando na mitigação dos riscos de indisponibilidade de serviços e reduzindo a dependência de uma única empresa. Em observância ao Acórdão TCU 2.362/2015-P, é necessário garantir, no planejamento da contratação e na gestão do contrato, que não ocorra sobreposição da realização de atividades em um mesmo escopo de forma simultânea.

Ainda no Planejamento da Contratação, o contratante deve analisar sua capacidade de lidar com a demanda que será contratada, para a adequada gestão e fiscalização do contrato. Ele precisa assegurar que dispõe de quadro de servidores qualificados e em número suficiente para atendimento aos controles e atividades demandadas, que envolvem a gestão, a fiscalização do contrato e o acompanhamento processual. Precisa avaliar as quantidades e perfis (donos de produto e gerentes de projeto) e definir diretrizes e priorizações de negócio que impactem a capacidade de gerenciamento e fiscalização do volume das demandas.

Caso constatada a insuficiência de servidores capacitados para a execução, faz-se necessário mitigar os riscos, adotando medidas como (i) a adequação do escopo à capacidade de gestão; (ii) a redução do número de projetos executados simultaneamente, priorizando aqueles considerados mais importantes e urgentes; e (iii) o aumento da capacidade de gestão e fiscalização dos contratos, capacitando e ampliando o quadro de servidores ou contratando serviços de apoio à fiscalização. A capacitação e treinamento dos servidores para a fiscalização e gestão dos contratos é de responsabilidade do órgão ou entidade contratante.

Quando do dimensionamento do time de fiscalização e gestão, a análise dos dados do histórico de demandas de desenvolvimento pode ajudar a definir a quantidade de servidores a serem alocados. Não havendo esse histórico, o *benchmarking* com outros órgãos e entidades semelhantes pode ser um ponto de partida.

A adoção de processos de gerenciamento de demanda, suportados por ferramentas de automação, também é importante, já que facilita a coleta de dados e a aferição dos indicadores de níveis de serviço – os quais serão utilizados para a gestão contratual. O resultado é maior segurança e qualidade na execução, fiscalização e monitoramento do contrato.

A norma também amplia o escopo vinculado à capacidade de gestão e permite contratar os serviços de mensuração de software, de controle de qualidade e de segurança da informação, complementares aos contratos de desenvolvimento, manutenção e sustentação de softwares, toda vez que o órgão ou entidade conclua não possuir efetivo em número adequado ou com a qualificação técnica necessária para a condução dos referidos serviços. Decidindo-se pela contratação, deve-se observar o art. 4º da IN SGD/ME nº 94, de 23 de dezembro de 2022, que proíbe a execução de tais serviços pela mesma contratada responsável pelo desenvolvimento, manutenção e sustentação de sistemas.

4 Seleção dos modelos de contratação

A Portaria 750/23 apresenta quatro modalidades para remuneração dos serviços de desenvolvimento de software, sendo possível, a critério do contratante, adotar mais de uma modalidade de remuneração em uma mesma contratação:

- Pagamento por pontos de função, complementado por horas de serviço técnico;
- Pagamento por sprint executada;
- Pagamento por alocação de profissionais de TIC;
- Pagamento de valor fixo mensal por portfólio de software(s).

Todos esses tipos demandam a vinculação do pagamento ao alcance de resultados e ao atendimento de níveis mínimos de serviço estabelecidos no ato convocatório.

O principal objetivo dessa vinculação é garantir a qualidade do time alocado pela contratada para execução dos serviços. Não é incomum encontrar relatos de contratações de desenvolvimento de software na administração pública que enfrentaram problemas dessa ordem.

Como medida mitigadora, o modelo estabelece premissas a serem consideradas no ato convocatório, independentemente da modalidade adotada, para assegurar a qualidade e experiência do time alocado no contrato. Exemplo disso é a fixação de patamar de preço mínimo para presunção relativa de inexequibilidade, evitando ofertas de preços abaixo dos praticados pelo mercado, os quais não conseguiriam, na execução contratual, pagar os salários que os profissionais de qualidade demandariam.

A contratada deve ser acompanhada e gerenciada, ao longo do contrato, para assegurar a efetiva entrega de valor e o pagamento vinculado ao alcance de resultados. Por isso, devem ser estabelecidas metas de produtividade e critérios de aceitação dos serviços, com o objetivo de garantir que as entregas ocorram em tempo adequado e contem com a qualidade fixada pelo contratante.

Níveis mínimos de serviço e de qualidade ajudarão a definir os parâmetros para medir os serviços executados, e glosas e sanções administrativas devem estar atreladas para engajar a contratada rumo aos resultados desejados – com mecanismos de penalidades que auxiliem a punir o mau desempenho, inclusive com rescisão contratual decorrente de falhas recorrentes de desempenho.

Por tudo isso, torna-se atividade crítica a escolha do modelo de remuneração, já que o sucesso nesta seleção mitiga riscos e facilita a execução e o gerenciamento dos projetos de desenvolvimento. A utilização de metodologia ágil e a clareza do escopo dos serviços e seus entregáveis também apoiam na qualidade das entregas, sendo facilitadores para o processo.

Pagamento por ponto de função

Ponto de Função – PF (*Function Points*, em inglês) é uma unidade de medida criada na década de 70 pelo funcionário da IBM Allan Albrecht[7], como alternativa às métricas baseadas em linhas de código.

O PF fornece uma medida objetiva e comparável que apoia a avaliação, planejamento, gerência e controle da criação de softwares. Esta representa o esforço empregado no

---

[7] Publicação do trabalho Measuring Application Development Productivity (Medindo a Produtividade no Desenvolvimento de Aplicativos) de Allan Albrecht (traduzido para o português): https://www.fattocs.com/analise-de-pontos-de-funcao/medindo-a-produtividade-do-desenvolvimento-de-aplicativos/

desenvolvimento de um software, baseada em funcionalidades (requisitos funcionais) geradas a partir da percepção do usuário, independentemente das tecnologias utilizadas em seu desenvolvimento.

Sua contagem é realizada com o uso da técnica Análise de Pontos de Função – APF, utilizada para determinar o tamanho, em Pontos de Função, de um software específico e aplicada no decorrer do processo de desenvolvimento, desde a definição inicial dos requisitos até o uso operacional pós-implantação. A unidade de medida é padronizada pela ISO/IEC 20926 para a medição do tamanho de sistemas, norma esta com ampla utilização, principalmente no Brasil.

Neste sentido, para regular o uso de Pontos de Função no desenvolvimento de software, o modelo prevê a remuneração por "Pontos de Função complementados por Horas de Serviço Técnico – HST", que prevê pagamentos vinculados a entregáveis, com aferição de tamanho dado pela contagem de aspectos funcionais e não funcionais dos artefatos entregues. O processo de desenvolvimento ou o ato convocatório deverão formalizar as macro atividades a serem aferidas pela métrica, a exemplo de (i) análise de requisitos; (ii) design, projeto e arquitetura; (iii) programação e desenvolvimento; (iv) testes; (v) homologação; e (vi) implantação.

Quando utilizada a remuneração por Horas de Serviço Técnico, o contratante deve estabelecer um catálogo com a definição prévia dos serviços envolvidos, com descrição da atividade ou do serviço, montante de HST a ser remunerado, perfil dos profissionais, produtos e resultados da contratação, prazo de execução e critérios de aceitação.

O catálogo poderá ser modificado por meio de termo aditivo, sendo proibida a inclusão de atividades não relacionadas ao objeto original e a alteração da formação de preços que orientou o julgamento das propostas durante a licitação.

O valor estimado deve ser calculado por meio do produto entre o valor da hora de serviço, informando o perfil de referência, e a quantidade de horas estimadas. É possível aplicar fatores de ajuste, desde que formalmente definidos no ato convocatório, para ajustar o valor do perfil de referência para aquele que será efetivamente aplicado na execução do serviço. O Roteiro de Métricas de Software do SISP apresenta diretrizes para cálculo da quantidade de horas a serem remuneradas por serviço.

O contratante pode, conforme sua maturidade, complementar o roteiro de métricas de software do SISP, sendo recomendada a utilização do método *Simple Function Point* – SFP evitando o uso de fatores de ponderação ou de ajuste fundamentados em complexidade ou em características temporais; e permitida a aplicação do "fator ágil", o qual será abordado no decorrer desta obra.

O método SFP é uma simplificação da Análise de Pontos de Função, mais leve e compatível com o padrão ISO 14143-1, que possibilita a definição do tamanho de um software. Ele considera apenas dois componentes funcionais básicos, agrupados em processos elementares (EE – Entradas Externas, SE – Saídas Externas ou CE – Consultas Externas) e arquivos lógicos (ALI – Arquivos Lógicos Internos ou AIE – Arquivos de Interface Externa).

Durante a execução contratual, qualquer autorização para realização de serviços deve ser formalizada mediante emissão de Ordem de Serviço – OS, contendo o objetivo, a descrição do objeto da OS, as entregas e artefatos previstos, o respectivo prazo de execução e as regras de formação e alocação dos profissionais.

Nas situações em que o contratante não possua corpo de servidores em número suficiente ou capacitados e experientes na métrica de análise por pontos de função, recomenda-se avaliar a oportunidade e conveniência de subcontratar tais serviços – com o cuidado de que não sejam executados pela mesma empresa desenvolvedora dos softwares. Os serviços terceirizados de métrica de software devem ser executados por profissionais devidamente qualificados, monitorados por metas de produtividade e indicadores de qualidade definidos no ato convocatório.

Durante a elaboração do Termo de Referência, o órgão ou entidade deve dimensionar o volume de pontos de função a serem contratados de acordo com seu histórico de desenvolvimento dos últimos anos, justificando com memória de cálculo elaborada durante os estudos técnicos preliminares. É importante avaliar a necessidade de projetar um crescimento ou um decréscimo sobre a média histórica, assegurando, assim, que o volume projetado atenda às demandas atuais da organização. Com relação ao uso de HST, o volume total deverá ser baseado na demanda prevista para as atividades dispostas no catálogo, baseando-se em levantamentos de necessidades, análise de base histórica e projeções para o período contratual.

Para precificar cada um dos serviços/atividades do catálogo, deve-se levar em consideração os perfis profissionais envolvidos e o número de horas previstos (esforço) para cada um deles. Para o cálculo do custo unitário de hora de cada perfil, deve-se adotar uma fração (a maior, igual ou a menor) do perfil escolhido como referência na contratação, justificada por memória de cálculo. A Portaria 750/23 apresenta um anexo com pesquisa salarial, a qual pode ser utilizada como base do estudo para definição da fração de cada perfil incluído na contratação.

O cálculo do valor estimado da contratação é obtido a partir do produto entre a quantidade de HST prevista na contratação, conforme estudo técnico preliminar, e o valor estimado da HST, obtido a partir da pesquisa de preços (orçamento estimativo), realizada durante a fase interna da licitação.

Faz-se necessário definir critérios de aceitação das entregas e níveis mínimos de serviço para aferição da qualidade a cada *sprint*, que deverão ser condicionantes para o pagamento dos serviços realizados – com a devida contagem dos pontos de função dos produtos entregues. É possível adotar o fator ágil, com limite de 30%, para abranger modificações nas *sprints* de uma mesma *release*, permitindo substituir o cômputo de modificações a cada iteração pela aplicação de um percentual sobre o tamanho total do sistema, devendo o termo de referência estabelecer o número de *sprints* de uma *release*. A aplicação do fator é justificada no caso de projetos com alto volume de reconstruções durante sua implementação.

Antes da contagem de pontos de função, o contratante deve estabelecer a fronteira do software de forma a evitar erros no dimensionamento, evitando contagem duplicada ou incorreta dos elementos considerados pela técnica. Necessita, ainda, arquivar de forma adequada as contagens realizadas e as respectivas fronteiras consideradas, sendo recomendado utilizar ferramentas automatizadas para gestão da baseline.

Pagamento por sprint

A *sprint*, cujo nome está relacionado ao framework de desenvolvimento ágil Scrum, representa um determinado esforço alocado no desenvolvimento de um projeto. Ela resume cada uma das iterações realizadas e possui, em geral, uma duração que varia de uma a quatro semanas.

O modelo do SISP adota modalidade de remuneração baseada em *sprint*, desde que o órgão ou entidade possua processo de desenvolvimento de software formalizado, baseado em métodos ágeis e que conte com mecanismos de aceitação e rejeição das entregas.

É possível estabelecer diferentes tipos de *sprints* em uma mesma contratação, com variações de perfil de profissionais, tamanho do time e tecnologias utilizadas. O pagamento ocorrerá sempre por *sprint* executada, devendo todos os itens incluídos no planejamento constarem efetivamente do produto entregue ao final da iteração.

Para cálculo do valor da *sprint*, deve ser considerado (i) a alocação prevista de profissionais (quantidade de horas); (ii) a duração da *sprint* (*timebox*); e (iii) o valor ofertado pela contratada para a HST.

A seguir é apresentado um exemplo de formulação da capacidade da *sprint*:

Características	***Sprint* Tipo A**	***Sprint* Tipo B**
Composição do time	1 *scrum master* 4 HST/dia 1 dev pleno 8 HST/dia 1 dev sênior 8 HST/dia	1 *scrum master* 2 HST/dia 1 dev pleno 4 HST/dia 1 dev sênior 6 HST/dia
Tecnologia	Java	PHP e Angular
Timebox	22 dias úteis	22 dias úteis
Capacidade da *sprint* (horas alocadas)	22 * (4 + 8 + 8) = 440 HST	22 * (2 + 4 + 6) = 264 HST

Como primeira etapa de seu processo de desenvolvimento, o contratante deve adotar o planejamento do projeto, no qual apresente com clareza o problema, a solução proposta e os recursos de alto nível que ajudarão a estabelecer expectativas e reduzir riscos associados. Deve, também, capturar a visão do usuário e apresentar escopo e principais funcionalidades do software a ser desenvolvido – organizados no backlog do produto.

A execução dos serviços relacionados a *sprint* deverá ser autorizada por meio de ordem de serviço, que especificará os objetivos, os produtos e entregas previstas e o tipo de *sprint* adotada (perfis, carga horária diária e *timebox*).

O início de qualquer projeto ágil deve ser precedido do planejamento do produto a ser desenvolvido. Deve-se, então, avaliar sua base histórica, utilizando a quantidade de projetos executados ao longo de anos anteriores para definição do volume total a ser contratado, considerando a quantidade máxima de *sprints* a ser executada em 12 meses. Importante, ainda, considerar um eventual incremento ou decréscimo no volume estimado, variando conforme estratégia organizacional, e a análise de cenários interno e externo.

Durante os estudos preliminares da contratação, é necessário que seja elaborada memória de cálculo com quantidade de *sprints* estimadas e *roadmap* do produto.

Como os tipos da *sprint* estão previamente definidos, com carga horária de alocação fixada para o período da *timebox*, o pagamento é realizado por valor fixo.

Para assegurar a qualidade das entregas, devem estar previstos mecanismos de glosas para situações em que ocorrer rejeição parcial ou total da *sprint*, rejeição do backlog ou descumprimento reiterado de critérios de aceitação – sem prejuízo das demais sanções contratuais.

O gerenciamento de projetos ágeis deverá ser apoiado por ferramenta de gestão de projetos, que calcule automaticamente os níveis de serviço e os indicadores de qualidade, facilitando, assim, a aplicação de glosas contratuais. O contratante precisa, também, adotar modelos para a documentação a ser produzida na contratação, a exemplo das histórias de usuário as quais devem ser padronizadas na forma de *templates*.

Pagamento por alocação

O modelo baseado no pagamento por alocação de profissionais de TIC, como o nome indica, remunera mediante alocação efetiva do time, devendo estar previstos critérios para ajustes no pagamento atrelados ao atingimento dos níveis de serviço.

O ato convocatório deve prever a quantidade máxima de profissionais por perfil que executará o serviço durante a vigência contratual, conforme modelo exemplificativo a seguir:

Perfil Profissional	**Custo mensal (CM)**	**Qtde profis-sionais (QP)**	**Valor mensal (VM) = (CM) * (QP)**	**Valor anual (VA) = (VM) * 12**
Perfil 3 – Scrum Master	R$		R$	R$
Perfil 1 – Desenvolvedor Pleno	R$		R$	R$
Perfil 1 – Desenvolvedor Sênior	R$		R$	R$

Para assegurar a qualidade dos serviços prestados pelos profissionais alocados, a contratação deverá prever níveis mínimos de serviços para medição da produtividade do time e aferição da efetividade das entregas.

Os serviços poderão ser executados presencial ou remotamente, ficando a contratante responsável pela fiscalização, supervisão e distribuição de demandas à contratada, assegurando a permanente troca de informações entre as partes para garantir o sucesso do projeto.

Todo o trabalho dos profissionais alocados deve ser avaliado de forma permanente, com atuação direta da equipe de gestão e fiscalização do contrato. É neste sentido que os níveis mínimos de serviço configuram ferramenta para auxiliar a equipe de fiscalização no monitoramento da qualidade dos serviços – servindo de referência para a aplicação de glosas todas as vezes em que não forem atingidos os padrões estabelecidos.

A fiscalização também é responsável por atuar de forma direta, objetivando a correção das faltas, falhas e irregularidades evidenciadas nos artefatos e serviços entregues. Destaca-se a proibição de que a própria contratada formalize a avaliação de desempenho e qualidade relacionada aos serviços prestados.

Sempre que a empresa contratada deixar de atingir as metas de qualidade, executando serviços sem atingir os critérios mínimos especificados, ou utilizando recursos humanos e materiais em quantidade ou qualidade abaixo do padrão, glosas devem ser aplicadas com consequente ajuste na medição para o pagamento. As metas de qualidade e produtividade podem ser definidas a partir do histórico da organização ou utilizando *benchmark* de especialistas e de outras contratações da administração pública.

A verificação da qualificação do profissional alocado precisa ser realizada desde a sua apresentação, momento em que devem ser avaliados a documentação relacionada e o atendimento às exigências e requisitos descritos no ato convocatório, bem como na execução contratual, ocasião na qual a prestação dos serviços será aferida e monitorada mensalmente pelos níveis de serviço e critérios de qualidade formalmente estabelecidos.

No caso da constatação de profissional que não atende às necessidades do contratante, é possível pedir sua substituição, devendo essa possibilidade estar formalmente prevista no termo de referência. Havendo o pedido de alocação ou substituição de profissional, o modelo sugere estabelecer prazo máximo de 30 dias para que a contratada disponibilize o novo integrante do time, prevendo glosas e sanções quando a alocação não ocorrer no período fixado. Mecanismos adicionais de glosa podem ser estabelecidos para punir a reiterada alocação de profissionais pela contratada em desacordo com os requisitos dos perfis definidos na contratação.

Durante a execução contratual, qualquer autorização para alocação de profissionais deve ser formalizada mediante emissão de Ordem de Serviço – OS, apresentando os perfis e quantidade de profissionais envolvidos e a memória de cálculo da definição da quantidade. Faz-se necessário, ainda, a descrição dos produtos e artefatos previstos, as metas de produtividade e o período no qual ocorrerá a alocação – atentando-se para que cada profissional esteja vinculado a um único perfil dentre os estabelecidos no ato convocatório. A OS poderá acrescer ou remover profissionais alocados, de modo a refletir as demandas e necessidades identificadas e priorizadas pela equipe da contratante, desde que respeitada a quantidade máxima de profissionais constantes no contrato para o período de vigência.

O modelo prevê que os profissionais da contratada somente poderão ser alocados por meio de OS formalizada. Isso significa que, não havendo OS, fica proibida qualquer alocação de profissional.

É permitido o início de uma OS antes do prazo formalmente estabelecido, desde que realizado em comum acordo entre contratante e contratada.

A remuneração da contratada ocorrerá mediante efetiva alocação do profissional, devendo o contratante aferir mensalmente a taxa efetiva de ocupação. Ausências precisam ser descontadas da remuneração e faltas legais não devem ser contabilizadas no cálculo dos níveis mínimos de serviço.

Por ocasião do início dos trabalhos, a contratada deverá nomear preposto para representá-la na gestão contratual. É justamente ao preposto que a equipe de fiscalização deve reportar quanto à avaliação contratual, incluídos os aspectos relacionados à qualidade das entregas e dos serviços prestados, a fim de corrigir desvios e falhas observadas na execução do projeto.

Para definição do número de profissionais por perfil a serem incluídos na contratação, é recomendado analisar o histórico de desenvolvimentos em períodos anteriores, verificando: (i) a quantidade de pessoas envolvidas na execução das atividades; e (ii) as demandas de novos projetos a serem conduzidos, com base nos quantitativos do contrato em planejamento. Tudo isso justificado em memória de cálculo com base em perfis profissionais e produtividade esperada.

É importante que cada órgão ou entidade levante e formalize o seu portfólio, contendo o conjunto de projetos, programas e ações relacionados ao desenvolvimento de software (em andamento ou planejados), para que sirva de insumo na análise e avaliação do quantitativo de profissionais a serem contratados. Os projetos precisam ser agrupados e organizados por características, peculiaridades, complexidade ou criticidade, para facilitar seu gerenciamento e servir de parâmetro para a qualificação da equipe alocada nos trabalhos. Deverão ser considerados não somente os novos desenvolvimentos, mas também a necessidade de sustentação de sistemas legados, em uso no órgão ou entidade – sendo o contratante responsável por assegurar equipe interna capacitada, disponível e em número adequado para gerenciar a quantidade de projetos priorizados.

A equipe de gestão e fiscalização do contrato precisa fazer uso dos mecanismos de controle e monitoramento de forma cotidiana e preventiva, com vistas a mitigar os riscos dos projetos. Esta é responsável por atestar a qualidade das entregas e aferir a produtividade do time alocado, considerando prazos planejados e qualificação da equipe da contratada. Deve, também, fiscalizar o cumprimento das obrigações com relação à mão de obra no início do contrato e a cada OS finalizada.

A fiscalização necessita monitorar, por ocasião do encerramento contratual, se os serviços previstos para a(s) última(s) OS continuam a ser executados, e se estão sendo tomadas as providências, por parte da contratada, para transferência do conhecimento relativo ao objeto contratual para a equipe da contratante ou para a vencedora do novo certame.

De acordo com o modelo, o contratante é proibido de praticar atos de ingerência com relação à contratada, não sendo permitido dar ordens diretas ao time alocado nem negociar folgas ou a compensação de jornada – para não configurar a subordinação. Por isso, o preposto e os supervisores ou correlatos devem ser os canais para que a equipe de gestão chegue até o time da contratada, indicando os direcionamentos, fazendo as reclamações pertinentes e solicitando os ajustes necessários.

O agente público vinculado ao órgão ou entidade contratante não pode sugerir, indicar ou direcionar profissionais para atuação junto à contratada, tampouco concordar com a aplicação de diretrizes diferentes das previstas no ato convocatório – pautando-se no fato de que os profissionais alocados pela contratada não são colaboradores do órgão contratante. É absolutamente proibido que a contratada aloque profissional com grau de parentesco com servidor ou comissionado do órgão contratante.

Por fim, não podem ser realizados pagamentos para perfis que não estejam ligados diretamente às atividades relacionadas ao objeto do contrato, incluindo as funções comerciais, negociais e administrativas da contratada – incluindo o preposto, representantes e contatos comerciais e corpo diretivo.

Pagamento por valor fixo mensal

A última das modalidades de remuneração previstas no modelo tem uma utilização bastante específica, direcionada à contratação de serviços de sustentação de software.

A modalidade está baseada no pagamento de valor fixo mensal, visando manter a disponibilidade, estabilidade e performance da aplicação em ambiente de produção.

Por conta do valor permanente aplicado mensalmente, é de extrema relevância que o contratante descreva claramente as atividades que serão contempladas.

O modelo apresenta lista exemplificativa de atividades, incluindo a manutenção corretiva e adaptativa (atualização de navegador, servidor de aplicação e banco de dados, linguagem de programação e frameworks) e a manutenção cosmética (ajustes em interface de usuário e textos, revisão de menus e ajudas, criação de páginas estáticas, entre outros). Contempla também roteiros de execução em linguagem SQL - *Structured Query Language*, suporte técnico, homologação de sistemas e estudos para análise de viabilidade do desenvolvimento de soluções, além de realização de reuniões, discussões técnicas e alinhamentos metodológicos.

O contratante precisa avaliar a criticidade de cada sistema a ser sustentado, definindo se o atendimento de suporte ocorrerá no horário de expediente padrão da entidade ou se haverá regime diferenciado (por exemplo, 24x7) para atendimento de demandas da solução em análise.

O termo de referência deve apresentar, caso se aplique, os serviços que, embora não estejam incluídos no valor fixo mensal, fazem parte da contratação – estabelecendo uma das outras três modalidades do modelo para uso na medição dos referidos eventuais serviços, de maneira a acomodar as demandas não contempladas no catálogo de softwares sustentados por pagamento fixo.

Para conferir clareza à contratada quanto aos produtos a serem sustentados, faz-se necessário formalizar o portfólio de softwares na contratação, inclusive com indicação do tamanho funcional de cada um deles. Devem, ainda, ser estabelecidos mecanismos de gestão que definam perfis mínimos para o time alocado, apoiados por ferramenta de gestão de demandas que automatize os indicadores de níveis mínimos de serviço. Sempre que um novo produto for adicionado ao portfólio de softwares, respeitados os critérios para inclusão de novas soluções, é recomendado estabelecer período de carência para a aplicação de glosas, permitindo a adaptação da contratada ao novo contexto.

A autorização para execução será realizada a partir da emissão de Ordem de Serviço, com descrição do objetivo, produtos, artefatos e prazos previstos. A gestão dos profissionais é responsabilidade da contratada, sendo facultado, desde que não haja previsão contratual contrária e nem prejudique o andamento dos serviços, compartilhar o time com outros contratos ou projetos.

Nos estudos técnicos para dimensionamento das quantidades do contrato, o órgão ou entidade precisa formalizar a memória de cálculo adotada e, conforme portfólio, os softwares a serem sustentados – com análise da possível descontinuidade da utilização de sistemas inicialmente previstos e da inclusão de novas soluções para o período da contratação, considerando as demandas previstas e a complexidade e criticidade de cada sistema. Recomenda-se que o portfólio de softwares sustentados seja reavaliado semestralmente pelo contratante.

Para definição do valor fixo por sistema devem ser levadas em conta as atividades elencadas para a sustentação e o número de horas previstos por perfil para a sua execução, permitindo o cálculo da estimativa de preço. Havendo previsão de serviços técnicos complementares, não incluídos no valor fixo mensal e consequentemente enquadrados em outra modalidade, sua estimativa de volume também deverá ser incluída. A formação de preço referência deve se basear no histórico de pessoas alocadas nas atividades de sustentação do contratante e/ou em benchmarking com projetos semelhantes da administração pública.

Para o controle dos chamados é de extrema importância que se considere a implantação de ferramenta de gestão de demandas, com cálculo automático dos níveis de serviço, estabelecendo processo que impeça o atendimento sem o devido registro, para garantir a correta aferição dos atendimentos.

5 Qual é, afinal, a melhor modalidade de remuneração?

A resposta para esta pergunta é: não existe uma modalidade de remuneração que seja melhor ou mais adequada, sendo necessário identificar, no contexto de cada organização, a modalidade que melhor se encaixe à cultura e capacidade do contratante.

Se o órgão já possui histórico em pontos de função, com a realização de contagens anteriores à contratação, ou possui equipe capacitada e com qualificação para realizar a análise prevista na métrica, ou ainda já conte com apoio terceirizado de especialistas em contagem, a remuneração por pontos de função é uma alternativa interessante a ser considerada.

Já para organizações que possuam elevada maturidade no uso de metodologias ágeis, com processo de desenvolvimento ágil formalizado e implantado, com o método já utilizado em vários projetos de desenvolvimento e consolidado na cultura organizacional, a remuneração por *sprint* pode ser adequada.

A alocação de profissionais, atrelada a resultados, pode ser utilizada, por exemplo, para manutenções de soluções com demanda cotidiana e mais bem atendida por profissional alocado, dedicado exclusivamente para a resolução e encaminhamento das necessidades de manutenção.

Nos casos em que o órgão ou entidade possua um portfólio de sistemas legados a serem mantidos, para os quais é possível estabelecer uma lista de atividades a serem desempenhadas na sustentação e a estimativa de horas, por perfil, para execução mensal dessas atividades, é aplicável o uso da remuneração por valor fixo mensal.

A escolha da modalidade depende, portanto, da análise de vários aspectos de cada instituição, tais como: mitigação de riscos, cultura organizacional, maturidade no desenvolvimento, manutenção e sustentação de softwares e capacidade de fiscalização.

O SISP disponibiliza diversos modelos, incluindo de termo de referência, que podem ser utilizados para orientar a construção dos artefatos da contratação e implementar controles que reduzam o risco de que a contratada cause desequilíbrios na relação contratual entre as partes.

capítulo

3

Qualidade dos Serviços

Este capítulo apresenta a estrutura necessária para assegurar a qualidade dos softwares e dos serviços a serem desenvolvidos, detalhando sua organização em repertório de estimativas (catálogo), execução por equipe devidamente qualificada e monitoramento dos serviços apoiado em glosas e sanções resultantes dos indicadores de níveis mínimos de serviço.

1 O catálogo de serviços

O catálogo de serviços de TIC é uma ferramenta que tem por objetivo detalhar os serviços e as atividades a serem disponibilizados em determinado contexto; tratando-se do caso em questão, no contrato.

A ideia de apoiar as medições relacionadas a desenvolvimento de software em um repertório de estimativas já é apresentada desde os acórdãos 2.037/19 e 1.508/20 do TCU. Entre as recomendações, estavam (i) a vinculação aos resultados esperados da contratação, com o detalhamento dos serviços e (ii) a descrição clara dos entregáveis e atividades a serem disponibilizados e dos prazos e quantidades estimados.

A portaria 750/23 apresenta quatro modalidades de remuneração, as quais acabam fazendo menção à utilização desse instrumento como suporte.

Na modalidade de remuneração por ponto de função, está prevista a utilização de serviços complementares no modelo, medidos em Horas de Serviço Técnico – HST com base em catálogo que defina previamente as atividades a serem executadas. O nível exigido de detalhamento do catálogo apresentado na portaria prevê a descrição das atividades, do volume de HST, dos perfis dos profissionais envolvidos, dos artefatos e entregas esperados, dos critérios de aceitação e dos prazos de execução. Na medição por HST, o catálogo é de uso obrigatório, já que este constitui a referência central quando do planejamento para definição do esforço necessário para executar cada uma das atividades, facilitando a definição das Ordens de Serviço.

Quando utilizada a modalidade de remuneração por *sprint* executada, o modelo não faz referência ao uso de catálogo. Importante, contudo, analisar contratações anteriores da administração pública, como o caso do pregão eletrônico nº 019/2018 do Senado Federal (processo nº 00200.003665/2017-75), publicado cinco anos antes da Portaria 750/23, e que já adotava métodos ágeis no processo de desenvolvimento de software baseado no catálogo de serviços, com descrição das atividades e esforço para execução. Isto demonstra que o uso do catálogo como referência no planejamento das *sprints* para determinação do esforço a ser empregado é uma boa prática, já em uso pela administração federal. Logo, embora não seja obrigatório, o uso do catálogo nessa modalidade pode facilitar as atividades de planejamento e mitigar conflitos entre as partes por desacordo no esforço necessário para execução do contrato.

Na alocação de profissionais, com vinculação a resultados, também não há referência no modelo quanto ao uso de catálogo. Contudo, para facilitar a distribuição de atividades, toda as vezes em que estas forem previamente conhecidas e seja possível realizar sua catalogação com definição do esforço de execução, é possível utilizar um repertório. Este será utilizado como um apoio no planejamento e na distribuição das atividades, servindo de base para a determinação dos prazos para cada atividade constante na Ordem de Serviço. O uso de critérios objetivos para definição do esforço é uma boa prática, a qual pode ser utilizada para minimizar conflitos entre as partes.

Já na modalidade de sustentação por preço fixo, em vez de um catálogo de serviços, há o portfólio de software, que deve ser detalhado no nível de funcionalidades – apresentando preferencialmente o tamanho funcional (medido em pontos de função, por exemplo) de cada aplicação objeto da contratação. Esse portfólio e seu detalhamento, juntamente com a descrição das atividades incluídas na sustentação, permitirão dimensionar o esforço necessário para a determinação do preço fixo a ser ofertado pelas empresas participantes.

Qualquer que seja a modalidade utilizada, a alteração do catálogo durante a vigência contratual deverá ser formalizada por meio de Termo Aditivo, assinado entre contratante e contratada, sendo proibida a inclusão de atividades não relacionadas ao objeto contratual e a realização de modificações que impactem a formação de preços original.

2 Critérios e formação de times

Uma das etapas mais importantes para o êxito de um projeto de desenvolvimento de software é a formação da equipe de trabalho.

A formação do time deve levar em consideração critérios objetivos e concisos, os quais deverão constar no ato convocatório para que as empresas possam apresentar suas propostas, com toda documentação exigida e em conformidade com os requisitos estabelecidos.

Ao formar o time do projeto, os seguintes aspectos devem ser avaliados: (i) formação dos profissionais; (ii) dimensionamento do tamanho da equipe; e (iii) experiência anterior em projetos de mesma complexidade.

Em relação à formação dos profissionais, é recomendado que esteja presente, no ato convocatório, a descrição completa de cada um dos perfis a serem incluídos na contratação, com exigências de qualificação ou experiência mínima dos profissionais.

A comprovação pode ser demonstrada por meio de: (i) apresentação de formação acadêmica, com exigência de diploma reconhecido pelo MEC, envolvendo graduação, mestrado etc.; (ii) experiência pela atuação em projetos anteriores, comprovada pela emissão de atestados de capacidade técnica emitidos pela contratante dos serviços relacionados; (iii) de qualificação técnica, comprovada por formações complementares ou certificações especificadas no edital, ou por relatos de experiência, comprovada por currículo com a descrição das experiências profissionais.

Além de qualificações técnicas, recomenda-se que a equipe possua habilidades e competências comportamentais que serão fator chave para atingimento dos resultados. As chamadas *soft skills* são características necessárias para que um profissional desenvolva a capacidade de estabelecer uma relação positiva com o trabalho e seus colegas, contribuindo para a positividade do ambiente. A adoção de *soft skills* contribui para assegurar que o time possua o controle emocional necessário para suportar a expressiva e constante pressão que é parte dos projetos de desenvolvimento de sistemas.

Entre as diversas competências desejadas, estão a capacidade de trabalhar em equipe, já que o desenvolvimento de sistemas demanda interação com diversas áreas e usuários; de criatividade, para que sejam concebidas soluções inovadoras e que atendam às dores dos usuários; de concentração, com foco em qualidade e produtividade; de automotivação e atualização, para garantir a permanente energia e o aperfeiçoamento constante em tecnologias e métodos; de comunicação eficaz, para o correto entendimento das necessidades e a efetiva troca de informações no projeto; de proatividade, para garantir a "mão-na-massa" e a disponibilidade para o efetivo encaminhamento das demandas; de flexibilidade, com resiliência para compreender as mudanças e ajustes de rumo ocorridos; e de organização, para formalizar e documentar os artefatos necessários para a criação do produto.

Um critério adotado em contratações de fábrica de software para minimizar os riscos relacionados aos perfis dos profissionais é exigir a alocação do perfil *fullstack* para todo o time de desenvolvimento. Não referenciado na Portaria 750/23, o conceito considera o profissional alocado capacitado e qualificado para execução das atividades de ponta-a-ponta, "jogando em todas as posições", desde o levantamento de requisitos e planejamento, passando pelas atividades de programação (do *back-end* ao *front-end*) até a homologação e implantação. Aos profissionais desse perfil, pode ser acrescida a *soft skill* versatilidade, que representa sua capacidade de atuar em diferentes frentes.

Ao contratar profissionais *fullstack*, a vantagem para o contratante é lidar com perfil único, o que facilita a alocação nas atividades, diante da versatilidade do corpo técnico, e contribui para um melhor andamento do projeto. A desvantagem é o alto custo do profissional *fullstack*, gerando eventual elevação dos preços da contratação. Quando da adoção, é recomendado um cuidado especial com os critérios de exequibilidade, para assegurar que os preços ofertados pela vencedora sejam suficientes para contratar os profissionais *fullstack*, os quais, por serem mais valorizados pelo mercado, recebem salários maiores em média.

Outro ponto a ser observado é o dimensionamento da demanda, cujo estudo e avaliação pelo contratante é bastante relevante para evitar os riscos de ociosidade da equipe contratada ou atraso do projeto por falta de pessoal.

É importante também estabelecer critérios claros e objetivos quanto ao compartilhamento de times entre *sprints* e outros projetos e contratos, indicando formalmente a possibilidade de alocações parciais, para observância por parte da contratada na execução dos trabalhos.

O dimensionamento da equipe deve ser efetuado com base na análise histórica de contratações anteriores e no modelo do processo de desenvolvimento, além de alinhado aos requisitos previstos para o projeto.

3 Verificação da qualidade

A verificação da qualidade é o processo por meio do qual é analisado se o software está em conformidade com especificações e padrões estabelecidos e se atende os requisitos funcionais e não funcionais definidos. É necessário garantir que o projeto satisfaça as expectativas do cliente, com segurança e rastreabilidade de informações, devendo, portanto, ser avaliado pela equipe de fiscalização.

Um conjunto de critérios claros e objetivos deve nortear a verificação da qualidade, abrangendo: análise da cobertura do escopo entregue; identificação dos testes realizados, incluindo aqueles automatizados; aferição de qualidade de código, apoiada por ferramenta especializada e a verificação do uso de padrões arquiteturais e tecnológicos estabelecidos; aderência aos padrões de segurança; e observância ao processo de desenvolvimento do contratante.

Quando da definição dos indicadores, faz-se importante considerar o negócio no qual atua o órgão ou entidade e as estratégias estabelecidas pela organização, bem como avaliar os cenários interno e externo e seus riscos associados e verificar se há processos e serviços críticos que mereçam maior rigor nos níveis de serviço.

A contratante, durante a vigência contratual, deve participar ativamente do processo de desenvolvimento, avaliando a produtividade, qualidade das entregas, desempenho do produto e prazo de entrega, por meio da apuração dos indicadores de níveis mínimos de serviço, ferramentas as quais aferem resultados de modo objetivo e mensurável. O modelo encoraja a automatização do processo de coleta e apuração dos indicadores, facilitando o gerenciamento do projeto por parte da contratante.

Obviamente, por questões de conflito de interesse, a medição dos indicadores de níveis de serviço precisa ser realizada e formalizada sempre pelo contratante, nunca pela contratada. O modelo apresentado pela portaria apresenta uma lista de indicadores, e recomenda uma utilização mínima, conforme modalidade de remuneração adotada pelo contratante.

Os indicadores do modelo são:

- IAS – Indicador de Aceitação da Sprint/Entrega;
- IPA – Indicador de Produtividade Ágil;
- IAP – Indicador de Atendimento aos Prazos;
- ICT – Indicador de Cobertura de Testes;
- IDE – Indicador de Desmobilização de Equipe;
- IQC – Indicador de Qualidade de Código;
- ISP – Indicador de Satisfação do Dono do Produto;
- IPP – Indicador de Avaliação Individual do Perfil Profissional.

A seguir abordaremos cada um desses indicadores do modelo, apresentando o objetivo, a fórmula e componentes de cálculo e alvitrando para quais modalidades de contratação são de uso obrigatório.

IAS – Indicador de Aceitação da Sprint/Entrega

O objetivo desse indicador é avaliar o cumprimento do prazo e a qualidade na entrega das demandas planejadas, aferindo as *sprints* do período que foram aceitas parcial ou totalmente. Esse indicador descarta do cálculo as *sprints* rejeitadas, por não atenderem aos padrões mínimos estabelecidos.

Importante destacar que a sugestão do modelo estabelece um peso três vezes maior para *sprints* integralmente aceitas em comparação às parciais. Logo, recomenda-se que qualquer alteração no indicador considere como superior o peso das *sprints* totalmente aceitas.

Fórmula:

$$IAS = ((Qi + Qp/3) \times 100)/Qt$$

Onde:
IAS = Indicador de Aceitação da *Sprint*/Entrega
Qi = Quantidade de *sprint*s aceitas integralmente
Qp = Quantidade de *sprint*s aceitas parcialmente
Qt = Quantidade total de *sprint*s enviadas para aceite

O IAS é de uso obrigatório para as modalidades de remuneração por pontos de função complementado em HST, alocação de profissionais e pagamento fixo por *sprint* executada.

IPA – Indicador de Produtividade Ágil

O Indicador de Produtividade Ágil – IPA está voltado para avaliação da produtividade do time, utilizando métricas de software e comparando a produtividade planejada com aquela efetivamente observada na execução das *sprints*.

Deve constar no ato convocatório o período para apuração (mensal, por exemplo) e a produtividade mínima conforme definições do modelo, devendo as apurações estarem vinculadas à Ordem de Serviço.

É possível estabelecer um período de carência para a efetiva aplicação de glosas (exemplo: a partir da 3ª *sprint*) para permitir que a contratada se adapte ao processo.

Fórmula:

$$IPA = 100 * \Sigma(Pr / Pp)$$

Onde:
IPA = Indicador de Produtividade Ágil
Pr = produtividade realizada no período, em função da métrica de software previamente estabelecida
Pp = produtividade prevista no período, em função da métrica de software previamente estabelecida

O IPA é de uso obrigatório para as modalidades de remuneração por alocação de profissionais e pagamento fixo por *sprint* executada.

IAP – Indicador de Atendimento aos Prazos

O Indicador de Atendimento aos Prazos de Chamados de Sustentação – IAP avalia o cumprimento de prazos no atendimento aos chamados de sustentação, tendo por objetivo fomentar a atuação tempestiva e preventiva na resolução de problemas.

Para efetivo cálculo do indicador são comparados os chamados atendidos no prazo com a quantidade de chamados atendidos no período.

O modelo recomenda a aferição mensal, apoiada por ferramentas e procedimentos de inspeção e amostragem.

Fórmula:

$$IAP = 100 * \Sigma(Qcap / Qctot)$$

Onde:

IAP = Indicador de Atendimento aos Prazos de Chamados de Sustentação
Qcap = Quantidade de chamados atendidos no prazo máximo estabelecido no TR, com previsão de encerramento para o período de referência
Qctot = Quantidade total de chamados registrados com previsão de encerramento para o período de referência

O IAP é de uso obrigatório para a modalidade de pagamento fixo por sistema sustentado.

ICT – Indicador de Cobertura de Testes

O Indicador de Cobertura de Testes – ICT possui o objetivo de incentivar as ações de testes de qualidade do código, a fim de minimizar a ocorrência de erros e mitigar os riscos do projeto, por meio de análise automatizada ou baseada em procedimentos de amostragem e de inspeção.

A combinação de critérios de cobertura de testes e de complexidade de software pode ser utilizada para definição do esforço de testes necessário para o projeto, sendo, quanto maior a complexidade do sistema, mais difícil alcançar elevados níveis de cobertura.

Fórmula:

$$ICT = I / Tlic$$

Onde:
ICT= Indicador de Cobertura de Testes
I = número de itens executados (instruções, ramificações e caminhos de código, pontos de decisão do estado de dados ou nomes de elementos de dados)
Tlic = é o número total de itens no código

O ICT é de uso obrigatório para as modalidades de remuneração por pontos de função complementado em HST, pagamento fixo por *sprint* executada e pagamento fixo por sistema sustentado.

IDE – Indicador de Desmobilização de Equipe

O Indicador de Desmobilização de Equipe – IDE objetiva reduzir os impactos causados no projeto com a troca dos profissionais alocados pela contratada. Deve ser calculado a cada *sprint* rejeitada ou aceita parcialmente, aplicando-se a glosa no mês de apuração.

A análise da quantidade de desligamentos das duas *sprints* anteriores do projeto, não computados os desligamentos da *sprint* do mês de apuração, constitui a base do cálculo, atribuindo-se 0,05 por desligamento para *sprints* rejeitadas e 0,025 para *sprints* aceitas parcialmente.

O percentual resultante do somatório de todas as *sprints* pontuadas deverá ser aplicado como redução do faturamento do mês de aferição.

Fórmula:

$$IDE = ((\Sigma(Qsr) * 0{,}05) + (\Sigma(Qsp) * 0{,}025)) * 100$$

Onde:
IDE= Indicador de Desmobilização de Equipe
Qsr = Número de desligamentos de pessoal (por projeto) da respectiva equipe ágil nas últimas 2 *sprints*, anteriores à *sprint* atual rejeitada
Qsp = Número de desligamentos de pessoal (por projeto) da respectiva equipe ágil nas últimas 2 *sprints*, anteriores à *sprint* atual aceita parcialmente

O IDE não é de uso obrigatório para nenhuma das modalidades de remuneração previstas no modelo.

Para melhor compreensão, acompanhe o cálculo do IDE em um exemplo. Suponha que você possua quatro projetos em andamento, e que dois deles tiveram problemas com as *sprints* no mês atual – uma das *sprints* foi rejeitada e a outra aprovada parcialmente. A primeira (rejeitada) registra 1 troca de equipe nas 2 *sprints* anteriores à atual, enquanto a segunda (aceita parcialmente) registra 3 trocas de membros da equipe no mesmo período. Com estes números, já é possível realizar o cálculo da redução da fatura, conforme demonstrado a seguir:

Exemplo:

IDE = (1 desligamento em *sprint* rejeitada x 0,05) +
(3 deslig. em *sprint* parcialmente aceita x 0,025) * 100
IDE = ((1 x 0,05) + (3 x 0,025)) * 100 =
(0,05 + 0,075) * 100 = 0,125 * 100 = 12,5
IDE = 12,5% de desconto sobre a fatura do mês atual.

IQC – Indicador de Qualidade de Código

O Indicador de Qualidade de Código – IQC objetiva garantir a qualidade do código em projetos de desenvolvimento, avaliando a quantidade de requisitos de qualidade de código atendidos em comparação com o total de itens avaliados – abrangendo potencialmente a complexidade do código, trechos duplicados, tamanho do código, entre outros.

Deve ser fundamentado em critérios técnicos de qualidade de código, previamente formalizados pelo contratante, e aplicado sobre *sprints* ou *releases* do produto, medindo a qualidade do código produzido com o intuito de reduzir erros e defeitos nos sistemas entregues.

A apuração não deve incluir eventuais problemas existentes antes da abertura da OS que autorizou os respectivos serviços, sendo necessária a medição desde o início do projeto, de maneira com que o código produzido observe os padrões estabelecidos contratualmente.

Fórmula:

$$IQC = 100 * \Sigma(Qrc / Qtr)$$

Onde:
IQC = Indicador de Qualidade de Código
Qrc = Quantidade de requisitos de qualidade de código atendidos
Qtr = Quantidade total de requisitos de qualidade de código avaliados

O IQC é de uso obrigatório nas quatro modalidades de remuneração.

ISP – Indicador de Satisfação do Dono do Produto

O Indicador de Satisfação do Dono do Produto – ISP avalia, com base em questionário estruturado e de acordo com o conjunto de critérios definidos no ato convocatório, a satisfação das partes interessadas, mais precisamente daquele nomeado como "dono do produto".

O modelo recomenda que a avaliação ocorra mensalmente, utilizando ferramenta automatizada, vinculando-a à Ordem de Serviço.

Fórmula:

$$ISP = 100 * (\Sigma\ (Pafr)\ /\ \Sigma\ (Ptot))$$

Onde:
ISP = Indicador de Satisfação do Dono de Produto
Pafr = Pontuação aferida
Ptot = Pontuação total máxima possível para todos os critérios estabelecidos

O ISP não é de uso obrigatório para nenhuma das modalidades de remuneração previstas no modelo.

IPP – Indicador de Avaliação Individual do Perfil Profissional

Por fim, o Indicador de Avaliação Individual do Perfil Profissional (IPP) tem como objetivo avaliar os profissionais alocados pela contratada, assegurando que adicionem valor à equipe, contribuindo tecnicamente e participando de forma ativa em todo o processo.

Um questionário estruturado deve pontuar critérios relacionados ao conhecimento, assiduidade, comunicação e interação de cada profissional, com aferição mensal e atrelado à Ordem de Serviço relacionada.

A responsabilidade pela coleta e apuração do IPP é da equipe de fiscalização e gestão do contrato, com o apoio de outros *stakeholders* envolvidos, como o dono do produto e o time técnico da contratante.

Fórmula:

$$IPP = 100 * (\Sigma(Pafr) / \Sigma(Ptot))$$

Onde:
IPP = Indicador de Avaliação Individual do Perfil Profissional
Pafr = Pontuação aferida.
Ptot = Pontuação total máxima possível para todos os critérios estabelecidos.

O IPP é de uso obrigatório para a modalidade de remuneração de alocação de profissionais.

Uso de outros indicadores

Baseando-se nas recomendações do modelo, é possível que se tenha a percepção de elevada quantidade de indicadores para gerenciamento pela equipe de fiscalização. Embora não referenciadas na portaria, existem outras formas de avaliar os níveis mínimos de serviço sem a utilização de indicadores, as quais podem ser mais adequadas quando o contratante possui baixa maturidade na gestão de projetos de desenvolvimento.

Uma delas, com uso difundido na administração pública para outros objetos além da TIC, prevê a definição de lista de itens com pontuações específicas, apurados durante a execução contratual todas as vezes nas quais um evento expressamente previsto ocorrer no caso concreto.

Mensalmente as pontuações obtidas são apuradas para que se verifiquem as glosas cabíveis. Uma tabela progressiva estabelece percentuais de redução da fatura conforme faixa de pontos nas quais a avaliação mensal será enquadrada.

Para um melhor entendimento, apresenta-se a seguir um exemplo resumido de tabela na qual são descritas as possíveis infrações cometidas e a respectiva pontuação atribuída.

Tabela de pontuação por infração cometida		
#	**Infração**	**Pontuação**
01	Deixar de apresentar a lista de profissionais previstos para início da *sprint*	5 pontos por ocorrência
02	Deixar de substituir profissional considerado inadequado pelo contrato em até 30 dias a partir da solicitação formal	10 pontos por ocorrência
03	A cada *sprint* rejeitada parcialmente	6 pontos por ocorrência
04	A cada rejeição total de *sprint*	9 pontos por ocorrência
05	Ausência do preposto ou time técnico nos ritos do *scrum*	2 pontos por ausência

O próximo capítulo trata da continuidade desse exemplo, apresentando tabela com as faixas que determinam, após a apuração dos pontos do mês, o percentual de glosa a ser aplicado sobre a fatura mensal.

4 Glosas e sanções

Respeitado o princípio da proporcionalidade, as glosas devem ser aplicadas de forma a refletir a gravidade do problema ocasionado à administração, objetivando o aumento da qualidade e da produtividade nos serviços prestados. Aplicada segundo os indicadores de níveis de serviço, as glosas podem ocasionar redução na fatura mensal originada do não atingimento das metas estabelecidas.

É possível adotar duas abordagens para implementação dos mecanismos de controle: a primeira é fixa, baseada em faixas pré-estabelecidas para ajuste no pagamento; e a segunda é ponderada, com base em valor máximo de desconto, combinado com mecanismo de ponderação segundo relevância.

A recomendação das glosas e sanções para cada indicador está prevista no modelo, a qual se apresenta a seguir:

Indicador de Aceitação da Sprint/Entrega (IAS)

IAS >= 75%: sem descontos sobre o valor da OS
IAS >= 65% e < 75%: 10% de desconto sobre o valor da OS
IAS >= 55% e < 65%: 20% de desconto sobre o valor da OS
IAS < 55%: 30% de desconto sobre o valor da OS

Indicador de Produtividade Ágil (IPA)

IPA>= 90%: sem descontos sobre o valor da OS
IPA >= 80% e < 90%: 10% de desconto sobre o valor da OS
IPA >= 70% e < 80%: 20% de desconto sobre o valor da OS
IPA >= 60% e < 70%: 30% de desconto sobre o valor da OS
IPA >= 50% e < 60%: 40% de desconto sobre o valor da OS
IPA < 50%: 50% de desconto sobre o valor da OS

Indicador de Atendimento aos Prazos (IAP)

IAP >= 90%: sem descontos sobre o valor da OS
IAP >= 80% e < 90%: 10% de desconto sobre o valor da OS
IAP >= 70% e < 80%: 20% de desconto sobre o valor da OS
IAP < 70%: 30% de desconto sobre o valor da OS

Indicador de Cobertura de Testes (ICT)

ICT = 100%: sem descontos sobre o valor da OS
ICT >= 90% e < 100%: 2% de desconto sobre o valor da OS
ICT >= 80% e < 90%: 4% de desconto sobre o valor da OS
ICT >= 70% e < 80%: 6% de desconto sobre o valor da OS
ICT >= 60% e < 70%: 8% de desconto sobre o valor da OS
ICT < 60%: 10% de desconto sobre o valor da OS

Indicador de Desmobilização de Equipe (IDE)

O índice IDE representa diretamente o percentual de desconto sobre a fatura mensal

Indicador de Qualidade de Código (IQC)

IQC>= 90%: sem descontos sobre o valor da OS
IQC >= 80% e < 90%: 10% de desconto sobre o valor da OS
IQC >= 70% e < 80%: 20% de desconto sobre o valor da OS
IQC >= 60% e < 70%: 30% de desconto sobre o valor da OS
IQC >= 50% e < 60%: 40% de desconto sobre o valor da OS
IQC < 50%: 50% de desconto sobre o valor da OS

Indicador de Satisfação do Dono do Produto (ISP)

ISP >= 80%: sem descontos sobre o valor da OS
ISP >= 70% e < 80%: 2% de desconto sobre o valor da OS
ISP >= 60% e < 70%: 5% de desconto sobre o valor da OS
ISP < 60%: 10% de desconto sobre o valor da OS

Indicador de Avaliação Individual do Perfil Profissional (IPP)

IPP >= 80%: sem descontos sobre o valor da OS
IPP >= 70% e < 80%: 1% de desconto sobre o valor da OS
IPP >= 60% e < 70%: 2% de desconto sobre o valor da OS
IPP < 60%: 3% de desconto sobre o valor da OS

O contratante deve prever no ato convocatório, em quadro específico, os indicadores de nível de serviço a serem adotados na contratação, os quais serão basilares para a aplicação de glosas e sanções.

No tópico anterior, discutiu-se um modelo alternativo de medição de níveis mínimos de serviço sem a utilização de indicadores, baseado em tabela com a descrição das possíveis infrações cometidas e a respectiva pontuação atribuída. A seguir se complementa o exemplo a partir de tabela com as faixas que determinam, após apuração dos pontos do mês de referência, o percentual de glosa a ser aplicado sobre a fatura mensal:

Tabela de glosas administrativas	
Faixa de pontuação	**Glosa**
De 0 a 10 pontos	Advertência por escrito
De 11 a 20 pontos	Glosa de 5%
De 21 a 30 pontos	Glosa de 12%
Acima de 30 pontos	Glosa de 20%

5 Planilha de custos e formação de preços

A planilha de custos e formação de preços é utilizada pela administração pública em dois momentos: no primeiro, como instrumento para identificar o custo estimado da contratação – sendo utilizada como apoio nas pesquisas de mercado; no segundo, para possibilitar a análise crítica dos preços ofertados na licitação, com vistas a permitir diligências e esclarecimentos necessários ao processo – devendo ser entregue durante a licitação, no recebimento das propostas, e ajustada, quando pertinente, após a fase de lances para adequação proporcional ao preço final ofertado.

A planilha deve ser formulada para integrar cinco grandes componentes de custo: (i) pessoal; (ii) software; (iii) recursos de computação; (iv) equipamentos; e, (v) serviços de informações.

O primeiro e mais relevante dos custos da planilha é o custo de pessoal, que agrupa os valores relacionados à alocação do time, incluídos provisionamentos de folha de pagamento, encargos sociais, auxílios e benefícios concedidos aos profissionais, independentemente do tipo de vínculo profissional ou regime de contratação.

Os custos com software englobam todas as ferramentas automatizadas a serem utilizadas na execução contratual que impactem na formação de preços da contratada, como por exemplo as ferramentas de desenvolvimento, gestão de projetos, controle de requisitos, testes automatizados, monitoramento, entre outras.

Os custos de computação refletem os recursos físicos e virtuais necessários para a entrega do objeto, como plataformas, barramentos de integração, *middlewares*, centrais de processamento de dados, entre outros.

Os custos com equipamentos contabilizam todos os dispositivos, equipamentos e infraestrutura necessários à execução do objeto, incluindo os relacionados à comunicação, à medição eletrônica, ao armazenamento, à geração de sinal, entre outros.

Por fim, os custos com serviços de informações representam o apoio especializado que será demandado durante a execução contratual, a exemplo de mentorias e fornecimento de conteúdo técnico especializado, os quais serão utilizados pelas equipes envolvidas na execução contratual.

As planilhas de custos e formação de preços são ainda utilizadas, quando necessário e desde que previsto no ato convocatório, para fins de análise de exequibilidade de proposta de preços, conforme orientações constantes do modelo definido na Portaria 750/23.

6 Critérios de qualificação técnica

O contratante deve definir, no ato convocatório, os critérios de qualificação técnica a serem avaliados durante a fase de habilitação do processo licitatório, os quais comprovem a efetiva execução anterior de serviços similares por parte da empresa participante. Visa, portanto, restringir a execução do objeto à participação de empresas que consigam comprovar, por meio de atestados técnicos, a experiência adquirida na execução de projetos similares.

Para as atividades de engenharia, a qualificação técnica é realizada sob duas óticas: a primeira, chamada **qualificação técnico-operacional**, objetiva avaliar se a empresa participante possui a capacidade para execução do objeto, incluindo equipe qualificada, métodos e processos, instalações, equipamentos e ferramentas; já a segunda, **qualificação técnico-profissional**, avalia a experiência de profissionais do quadro da empresa, em nome dos quais serão emitidos os atestados.

O TCU entende que *"na prática, a qualificação comprovada de um profissional não é suficiente para garantir a experiência operacional da empresa à qual esse profissional esteja vinculado, seja na condição de prestador de serviço ou na condição de sócio"*[8]. Isto significa que, mesmo que estejam presentes critérios para avaliação técnico-profissional no ato convocatório, devem constar também os relacionados à avaliação técnico-operacional, necessários à avaliação da capacidade de execução da empresa.

A Portaria 750/23 estabelece a necessidade de justificativa motivada para a adoção das exigências de qualificação técnica, as quais precisam ser compatíveis com as partes mais relevantes,

---

[8] (Acórdão 2208/2016-TCU-Plenário)

críticas e significativas do objeto, limitando-se ao mínimo necessário para a execução dos serviços nos padrões de qualidade estabelecidos.

Em geral, na adoção da modalidade de pregão para os processos de contratação de desenvolvimento, o que se observa é a exigência da comprovação de experiências anteriores compatíveis com o objeto, constatadas por meio de atestados de capacidade técnica. Em muitos casos, verifica-se obrigatoriedade de comprovação, no atestado, de quantidades de horas ou pontos de função anteriormente executados – devendo a exigência abranger no máximo 50% dos quantitativos da contratação. No atestado, também é comum observar exigência de comprovação de experiências em tecnologias, padrões e linguagens que serão efetivamente utilizados na execução contratual, tais como Java, PHP, Python, Angular, Node, Scrum, entre outros.

O modelo proíbe a exigência de certificados de qualidade de processo de software, tais como CMMI - *Capability Maturity Model Integration* e MPS.Br - Melhoria do Processo de Software Brasileiro, nos critérios de habilitação para participação em processos de compras de desenvolvimento e manutenção de sistemas.

7 Exequibilidade, vigência e subcontratação

A Súmula nº 262 do TCU[9] estabelece que, durante o processo licitatório, é necessário permitir que a licitante demonstre a exequibilidade da sua proposta com base em critérios definidos no termo de referência e na planilha de preços e formação de custos.

Nas contratações de desenvolvimento de software, a comprovação de exequibilidade dos preços praticados torna-se ainda mais sensível, já que as reduções ofertadas durante a fase de lances do processo licitatório não podem fazer com que a contratada aloque profissionais com salários abaixo das referências incluídas na contratação, que venham a impactar na qualidade das entregas.

Segundo o TCU, no Acórdão nº 2.362/2015 - Plenário, baseado em auditoria para avaliação da eficácia e eficiência de modelos de desenvolvimento e manutenção utilizando metodologias ágeis, é possível definir um patamar de preço abaixo do qual se verifica a presunção relativa de inexequibilidade. Ocorrendo a constatação, a licitante deverá demonstrar que o preço ofertado é exequível, com base na planilha de preços e formação de custos.

O contratante deve definir o patamar de preço para presunção da exequibilidade a partir de critérios claros e objetivos, documentando suas escolhas. Ele pode, durante o certame, realizar diligências para esclarecimentos, a fim de verificar se os preços são exequíveis.

---

[9] https://www.cnj.jus.br/sumula-262-tcu/

Cada uma das modalidades de remuneração previstas no modelo apresenta especificidades relacionadas à presunção da exequibilidade.

Para pagamento por ponto de função, a definição do fator mínimo deve considerar: a produtividade esperada de dez horas por ponto; os perfis e previsão de alocação dos profissionais; a média salarial da categoria; o *timebox* da *sprint*; e o custo mensal do time alocado.

Quando baseado em horas de serviço técnico ou em alocação de profissionais de TIC, o pagamento deve considerar o salário do perfil que executará a atividade. O modelo, em seu Anexo II, apresenta uma pesquisa de salários que pode ser utilizada em qualquer das quatro modalidades de remuneração, a qual será abordada posteriormente nesta obra.

Na modalidade de remuneração baseada em *sprint*, o patamar de exequibilidade precisa ser definido com base nas características da *sprint* executada, incluindo seu tipo, *timebox* e os perfis alocados na execução.

Por fim, com o uso da modalidade de valor fixo mensal, a definição do patamar de exequibilidade deve considerar o salário e a quantidade de perfis estimados para cada software incluído no portfólio a ser sustentado.

Para os órgãos e entidades do SISP, em atendimento à Orientação Normativa nº 38, de 13 de dezembro de 2011, da Advocacia-Geral da União, a duração de contratos deve ser de 12 meses. É possível adotar periodicidade maior sempre que a complexidade e especificidade do objeto assim o exigirem, devendo tal decisão ser justificada e motivada pelo contratante. Comumente, o que se vê nas contratações de fábrica de software é a definição do período de 12 meses iniciais para o contrato, prorrogáveis até o limite de 60 meses por meio de termos aditivos.

O modelo admite a possibilidade de subcontratação de serviços específicos de desenvolvimento, a exemplo das atividades de levantamento de requisitos, prototipação, UX, testes e infraestrutura.

capítulo

4

Riscos e Controle

Este capítulo apresenta uma visão do tratamento de riscos e dos procedimentos e ferramentas de controle a serem utilizados para gerenciamento do projeto, incluindo a aplicação de métricas para a mensuração dos softwares. Aborda, ainda, meios para o uso compartilhado de compras, com registro de preços, e alternativas para avaliação da exequibilidade – como o mapa salarial e o fator-k.

1 Ferramentas de apoio

Conforme mencionado nesta obra, o uso de ferramentas automatizadas para apoio à execução de contratos de gerenciamento de software é altamente recomendado, já que facilita a automatização de tarefas, a medição de níveis de serviço e a mitigação dos riscos do projeto. O modelo apresenta duas categorias de ferramentas para apoio à gestão da demanda e realização de análise de código.

A primeira delas é voltada para a gestão da demanda (ITSM), que constitui um conjunto de ferramentas e serviços para dar suporte e apoio na resolução de problemas do usuário. A implantação de um ITSM permite melhor controle das mudanças e da satisfação do cliente, na medida em que revela lacunas e pontos de melhoria ao projeto, permitindo o rastreamento das necessidades identificadas. Permite, ainda, controlar os indicadores de níveis mínimo de serviço do atendimento, facilitando a apuração de glosas sobre as faturas mensais.

Na contratação de desenvolvimento e manutenção de sistemas é possível considerar o fornecimento da ferramenta de gestão de demandas como parte do contrato. Contudo, essa prática apresenta riscos que devem ser avaliados pela contratante durante a definição do objeto. O primeiro deles é que a contratação da ferramenta em outro processo aumenta a maturidade em gestão do time de TIC da contratada e assegura maior controle sobre a operação. Além disso, a base histórica, independente de fornecedor, permanece numa única ferramenta, gerenciada pelo contratante, minimizando riscos de gestão. Por fim, previne pagamentos indevidos, pois impede que a contratada eventualmente modifique informações do histórico para manipular indicadores de medição de níveis de serviço.

A segunda ferramenta sugerida pelo modelo refere-se à análise de código, a qual pode ser incorporada ao ciclo de desenvolvimento para analisar vulnerabilidades do código-fonte – permitindo a correção de erros e bugs antes da implantação, com consequente aumento da segurança da aplicação. Tais ferramentas possibilitam a análise da qualidade do código, identificando eventuais códigos duplicados, vulnerabilidades e falhas, devendo ser parametrizadas conforme critérios de qualidade estabelecidos na contratação.

Além do uso de ferramenta de análise de código, existe uma boa prática, não citada pelo modelo, chamada de revisão de código (*code review*), que consiste no processo em que uma ou mais pessoas revisam o código-fonte desenvolvido por um terceiro. A prática ajuda a identificar falhas e fornece avaliação que impacta na melhoria da qualidade do produto desenvolvido. A revisão por pares, como é conhecido o método, permite a realização de inspeções e verificações, com o consequente apontamento de melhorias.

Além das duas ferramentas abordadas pelo modelo, existem inúmeras outras aplicáveis ao apoio na gestão e operação de serviços de fábrica de software, as quais abordaremos de forma resumida e exemplificativa a seguir.

As ferramentas de gestão de mudança contribuem para o sucesso dos projetos de desenvolvimento, na medida em que reduzem os impactos e aumentam o retorno sobre o investimento – avaliando as alterações propostas quanto aos riscos e permitindo a priorização das demandas, o que traz vantagens e benefícios para o projeto. Faz-se necessário que esteja disponível e efetivamente em uso um sistema de gerenciamento de configurações, o qual permita controlar as versões e mudanças no software produzido ou em produção, possibilitando o retorno "ao estado anterior" em caso de falhas.

Segundo o ITIL - *Information Technology Infrastructure Library*, "a *gestão do conhecimento é o processo de criar, usar, compartilhar e manter o conhecimento organizacional de forma que os usuários do negócio possam acessar sempre que necessário*"[10]. Ou seja, é manter na organização o conhecimento proveniente de experiências anteriores, fazendo com que seja armazenado e indexado de forma adequada, facilitando o acesso do time quando necessário. A ferramenta de gestão do conhecimento automatiza essa prática, gerando celeridade e economia para a organização.

Durante o desenvolvimento de software, são inúmeros os bens e equipamentos tecnológicos aplicados na execução das atividades. A ferramenta de gestão de ativos apoia o gerenciamento de todos esses recursos tecnológicos, fornecendo uma visão geral que ajuda a direcionar os investimentos – facilitando o planejamento de compras para ampliação e modernização do parque. A gestão de ativos auxilia, ainda, a reduzir o *shadow it*, isto é, quando usuários ou setores externos ao da TIC adotam soluções tecnológicas sem compartilhar e informar ao setor responsável pela TIC.

Outra categoria de ferramentas bastante utilizada pelos desenvolvedores está relacionada à automatização de testes, que simula a utilização do software, validando se as funcionalidades respondem da maneira esperada. Baseadas em roteiros de teste, avaliam as mais diversas situações com as quais os usuários poderão se deparar, identificando erros e comportamentos indesejados. A automatização apoia no aumento da cobertura de testes e permite maximizar a confiabilidade do produto.

Cabe a cada órgão ou entidade, considerada sua capacidade de gestão, sua maturidade em projetos de desenvolvimento e as necessidades decorrentes de seu portfólio de softwares, selecionar e implantar ferramentas especialistas que ajudem a automatizar tarefas, auferir níveis de serviço e mitigar os riscos do projeto.

---

[10] ITIL 4, 5.1.4, Gerenciamento do conhecimento

2 Mensuração de software

O método para medição de software do ponto de vista do usuário, conhecido como mensuração de software, permite conhecer o tamanho e a complexidade de um software, com a remuneração decorrente dos serviços e produtos efetivamente entregues pela empresa contratada.

O modelo recomenda que, em qualquer das quatro modalidades de remuneração, sejam aplicados esforços para medir, de forma consistente, o tamanho das aplicações, utilizando-se de métricas como pontos de função (IFPUG - *International Function Point Users Group*, NESMA - *Netherlands Software Metrics Association*, SFP - Simple *Function Point*); linhas de código; e pontos por história (*story points*). É necessário que a métrica a ser utilizada esteja prevista no processo de desenvolvimento ou no termo de referência, incluindo as regras de uso e mecanismos de cálculo.

Quando adotado o Ponto de Função, recomenda-se observar o Roteiro de Métricas de Software do SISP ou a partir dele, derivar um guia ou roteiro próprio. Na adoção de linhas de código, o contratante precisa se preocupar com a clareza, consistência e eficiência da codificação, evitando a contagem de códigos duplicados e outros decorrentes de má estruturação. Quando se opta por mensurar histórias de usuário, o contratante deve se atentar ao formato das histórias, usando modelos padronizados, e normatizando o dimensionamento – a partir da criação de um padrão para cálculo do tamanho das histórias do projeto. É possível estabelecer outras métricas, vinculadas à entrega de produtos de software, desde que possuam procedimentos e condições de contagem estabelecidos e sistemas de dimensionamento formalizados.

O órgão ou entidade precisa avaliar o conhecimento do time interno na métrica escolhida, verificando se possui competência para realizar as contagens necessárias, conforme seu portfólio de projetos de desenvolvimento para o período. Havendo necessidade, pode contratar consultoria para apoio na formação de time próprio, bem como terceirizar o serviço de contagem – sendo obrigatório, neste caso, que a empresa contratada seja diferente daquela que executa os serviços de desenvolvimento e manutenção de software. Ocorrendo a contratação, os serviços serão formalizados por meio de Ordem de Serviço e entregues, ao final da contagem, acompanhados de documentos que detalhem as contagens realizadas e os pareceres e instruções que apresentem e justifiquem os resultados.

O treinamento é um fator chave no que tange às contagens. Mesmo quando a contagem é terceirizada, os servidores do órgão serão responsáveis por auditar e aferir as métricas entregues pela contratada. Portanto, precisam estar capacitados na métrica selecionada pela organização, para conseguir atuar na atividade de gestão e fiscalização. É importante que o contratante estabeleça critérios que indiquem quem (equipe interna ou contratada) será responsável pelas contagens.

Havendo divergência entre o número apontado na contagem realizada pelo contratante (com equipe própria ou terceirizada) e o aferido pela contratada, pode ser solicitada avaliação de divergência, a qual será executada no âmbito do órgão ou entidade – preferencialmente por fiscal técnico que tenha discordado da contagem, ficando a decisão final a cargo do gestor do contrato, o qual, baseado no parecer técnico, decidirá acerca do encaminhamento.

É recomendado o uso de ferramentas que apoiem na gestão das métricas e de processo que formalize e padronize as atividades de medição. Os fiscais do contrato deverão ser os pontos focais para dirimir, por parte da contratante, qualquer eventual questão relacionada à contagem – sendo necessário que a empresa contratada para realizar as contagens aplique os procedimentos da métrica com sua equipe própria, sem influência de partes externas e sem que receba contagens prévias ou contribuições de terceiros.

É preciso, ainda, guardar os arquivos com o histórico da contagem no órgão ou entidade, mantendo atualizados os tamanhos funcionais relativos a cada sistema no decorrer do seu ciclo de vida, refletindo, assim, as manutenções e evoluções realizadas.

3 Gerenciamento de riscos

Gerenciamento de riscos é o processo que organiza as atividades destinadas a controlar e monitorar as ameaças e riscos presentes em um projeto ou operação. Deve adotar melhores práticas metodológicas para definir os riscos aceitáveis e aqueles que deverão ser mitigados ou eliminados, sendo o seu uso recomendado para qualquer das quatro modalidades de remuneração previstas no modelo.

A Portaria 750/23 apresenta alguns riscos associados à contratação de fábrica de software para os quais se recomenda adotar procedimentos para identificação, classificação e tratamento no ciclo de vida do contrato.

O primeiro deles é a capacidade técnica inadequada dos profissionais. Esse risco está relacionado ao fato de a contratada alocar profissionais sem a capacidade técnica necessária para a execução do objeto. Para mitigação, é recomendado estabelecer no ato convocatório os requisitos de experiência e formação acadêmica por perfil alocado, bem como estabelecer critérios que permitam, com objetividade, avaliar tecnicamente o time. Os critérios de inexequibilidade também asseguram que os preços ofertados sejam compatíveis com os valores dos salários dos profissionais de mercado, contribuindo para a alocação de melhor corpo técnico.

O segundo é o estabelecimento de critérios de remuneração e de níveis mínimos de serviço complexos e subjetivos. Refere-se à necessidade de associar os indicadores de desempenho às entregas do projeto, adotando mecanismos de fácil mensuração e evitando a subjetividade. Sistemas de gestão e ferramentas automatizadas são recomendados para apoiar na extração de dados e posterior apuração dos indicadores.

Outro risco é a complexidade na gestão de recursos humanos. Esse risco está associado ao esforço para gerenciar as pessoas no contexto da fiscalização do contrato. Pode ter sua complexidade impactada pela modalidade de remuneração escolhida e pelas demandas relacionadas ao negócio do contratante, com consequente gargalo na fiscalização. A mitigação do risco pode ser realizada com o uso de ferramentas de gestão da demanda, de automação e controle de métricas e constante melhoria no processo, eliminando gargalos e atividades desnecessárias.

A desmobilização frequente de recursos, que abrange as dificuldades da contratada em manter o time originalmente alocado, é mais um risco que deve ser tratado. A equipe geralmente sofre pressões do mercado e, quer seja por vontade própria ou motivada por seus profissionais, a mudança impacta na qualidade das entregas e no ritmo do projeto. Faz-se necessário, então, estabelecer critérios e mecanismos, com glosas e punições, os quais desmotivem as trocas de profissionais no decorrer da *release*.

Em situações de baixa demanda, pode-se manifestar o risco de ociosidade da capacidade de trabalho alocada, situação na qual não há atividades definidas para manter o time do projeto trabalhando. Por isso, é importante planejar antecipadamente o consumo dos quantitativos contratuais, permitindo visão à contratada quanto ao desembolso previsto e antecipando-se às sazonalidades eventualmente conhecidas pelo contratante, para que o time alocado seja destinado a outro projeto. Uma frente efetiva de levantamento de requisitos e demandas pode ajudar a formalizar necessidades de novos projetos, manutenções e refatorações que poderão ajudar a ocupar, de forma produtiva, o time envolvido.

Por fim, as variações no volume de demanda também são um risco quando um time de tamanho fixo está alocado, já que a variações do volume de trabalho, para mais ou para menos, impactam na geração de atividades. A solução apontada pelo modelo é adotar as modalidades de remuneração cujo pagamento ocorra sob demanda, evitando o preço fixo e a alocação de profissionais.

Para os órgãos e entidades do SISP, além dos riscos detalhados na portaria, deve-se, ainda, realizar o mapeamento completo – de acordo com a IN-94 da SGD/ME.

4 Registro de preços

O registro de preços é um instrumento de compras utilizado pela administração pública, mediante processo licitatório, para registro formal de produtos e fornecedores, com vistas a eventual e futura contratação.

Em muitos casos, sua utilização acarreta a redução de preços, em virtude do aumento do volume total contratado e consequente ganho de escala.

A adesão tardia aos registros de preço de fábrica de software, ou seja, a escolha pela aquisição a partir de uma ata já publicada, não é possível no âmbito federal. É necessário que o contratante seja integrante da fase de planejamento da contratação, em que é definido o escopo da compra, parte do qual é destinado a atender às necessidades do órgão participante.

A exceção fica por conta das contratações do órgão central do SISP e da Central de Compras do MGI - Ministério da Gestão e da Inovação nos Serviços Públicos, as quais podem permitir a adesão tardia, devendo o órgão interessado comprovar que possui processo de desenvolvimento de software efetivamente implantado e realizar um planejamento próprio da compra – avaliando os custos da adesão em detrimento à realização de processo de compra próprio e a similaridade do objeto com as suas necessidades, além de realizar estudo para definição dos quantitativos a serem contratados.

5 Mapa de pesquisa salarial e fator-k

Como já abordado nesta obra, a análise da exequibilidade dos preços ofertados no processo licitatório é muito relevante, já que as reduções ofertadas pela participante durante a fase de lances não podem fazer com que sejam alocados profissionais com salários abaixo das referências incluídas na contratação, impactando na qualidade das entregas. Trata-se do patamar de preços para presunção da inexequibilidade, definido a partir de critérios claros e objetivos no ato convocatório.

Como ferramenta de apoio à análise da exequibilidade o modelo fornece um mapa de pesquisa salarial que apresenta um conjunto de perfis e a média da remuneração, conforme valores de mercado, elaborado a partir do histórico de contratações do SISP, dados do CAGED, RAIS, PNAD e publicações salariais especializadas, sempre com análise de dados dos últimos 12 meses.

Para definição do custo total de um perfil, deve-se adotar o valor salarial multiplicado pelo fator-k. Para os órgãos do SISP, o fator-k adotado deve considerar duas situações: a primeira é na definição do orçamento estimativo da contratação, no qual deve ser de 1,94 – sendo permitido, contanto que motivado e demonstrado pelo contratante, adotar outro fator-k (limitado a 3); a segunda, por sua vez, é na análise dos preços ofertados pelas participantes do processo licitatório, em que o fator-k não poderá ser superior a 3.

Para modalidade baseada em métricas, como o caso de Pontos de Função, no cálculo do pagamento é utilizado um fator de produtividade, permitindo observar o esforço em horas necessário para executar cada medida, em pontos, avaliada pela métrica.

Já o uso de modalidade envolvendo *sprint*, as características e tipo da *sprint*, incluindo seu *timebox* e os perfis alocados na execução, permitem chegar em um volume de horas a ser remunerado. Mesmo para a modalidade de valor fixo mensal de sustentação, o patamar de inexequibilidade considera o salário e a quantidade de perfis estimados para a execução das atividades, resultando da mesma forma em um volume de horas para pagamento. Além das modalidades de alocação de profissional e horas de serviço técnico, que, de acordo com sua natureza, já possuem relação direta com a medição em horas.

Todas as modalidades de remuneração apresentadas pelo modelo, portanto, precisam de uma referência salarial que embase o valor da hora técnica – devendo estabelecer critérios para análise da exequibilidade das propostas baseados em pesquisa salarial, permitindo-se adotar o modelo fornecido pelo SISP ou realizar pesquisa própria, com a justificativa e motivação da escolha.

Para se ter uma ideia dos salários apresentados no mapa de pesquisa do SISP, considerando dados de 2023, um desenvolvedor de software júnior é remunerado em R$ 7.519,48; o pleno, em R$ 10.677,45; e o sênior, em R$ 14.016,77. A referência para o scrum master fica em R$ 11.732,20; para o gerente de projetos, em R$ 13.949,62; e para o líder técnico, em R$ 15.901,68. Diversos outros salários são apresentados no mapa.

O modelo também apresenta um descritivo dos perfis profissionais incluídos no mapa de pesquisa salarial, definindo as características e macro atividades a serem executadas pelas funções correspondentes – incluindo liderança, desenvolvimento de sistemas, arquitetura de software, testes, análise de requisitos, informação (BI), banco de dados, *scrum master* e gerência, podendo ser complementados e adaptados pelo contratante para refletir as necessidades da sua organização.

capítulo

5

Termo de referência

O último capítulo desta obra contempla as seções necessárias para o termo de referência, baseado na Portaria 750/23 e nos modelos do SISP, abrangendo diversos aspectos a serem abordados no momento da elaboração do ato convocatório pelo contratante

1 Introdução

O projeto básico ou termo de referência (TR) é o documento produzido no planejamento da contratação, o qual descreve o objeto e os elementos técnicos necessários para a avaliação dos custos e caracteriza a execução contratual. Deve apresentar os serviços de forma clara, associando níveis mínimos de serviço que garantam a qualidade da solução ofertada, fornecendo mecanismos de apoio para orientar a execução e a fiscalização contratual.

Nesta seção do livro, apresentaremos informações relacionadas aos principais itens que precisam estar presentes no documento, contemplando objeto, justificativa, detalhamento do objeto, modelo de execução contratual, modelo de gestão contratual, critérios de aceitação e níveis mínimos de serviço, pagamento, entre outros.

Importante destacar que cada órgão e entidade deve analisar sua estratégia, cenários internos e externos, negócio ou área de atuação, maturidade em desenvolvimento de software e demais elementos, a fim de definir as características e condições que serão adotadas no seu termo de referência – sendo as informações apresentadas nesta obra, com base nos modelos do SISP, apenas uma visão geral que pode gerar ideias e contribuições para a melhoria das contratações públicas.

2 Objeto

O objeto do contrato, segundo a Lei de Licitações, refere-se ao bem ou serviço demandado pela Administração. Logo, a descrição do objeto apresenta resumidamente as características principais dos bens ou serviços, permitindo identificar aquilo que se pretende contratar. Durante o processo licitatório, a contratante deverá publicar aviso de edital, na forma de extrato, que conterá a descrição do objeto a ser licitado, acompanhado da modalidade de licitação, data e horário da sessão, endereço e forma de obtenção da íntegra do edital.

A empresas interessadas em prestar serviços para a administração pública comumente utilizam soluções de mercado que compilam dados de várias fontes, apontando quais oportunidades de licitações são mais compatíveis a seus respectivos negócios, conforme parâmetros previamente especificados. Essas ferramentas de buscas concentram-se basicamente na descrição do objeto publicada no aviso do edital, o que torna a elaboração do objeto, durante a fase de planejamento da contratação, um fator chave de sucesso – já que uma boa descrição pode ampliar a participação de empresas e, por consequência, fomentar maior redução de preços na etapa de lances.

Para a contratação de desenvolvimento de software, por exemplo, é importante que a descrição do objeto contenha palavras como "sistema", "software", "desenvolvimento de software", "fábrica de software", "métodos ágeis", "processo de desenvolvimento", dentre outras a serem selecionadas pelo contratante para atrair o maior número possível de participantes interessados.

Na descrição de objeto, deve ser definida também a modalidade de remuneração, escolha que deve orientar as demais seções do termo de referência para que estejam adaptadas para a modalidade escolhida. Colocar essa informação no objeto ajuda as participantes a entender o modelo de remuneração, pelo menos para aquelas atualizadas quanto às publicações do SISP.

Importante também citar resumidamente o conjunto de serviços que serão desenvolvidos, como por exemplo "projeto, análise, desenvolvimento, manutenção, sustentação, testes, homologação e controle de qualidade". É relevante também que conste no objeto a utilização de "métodos ágeis", o que deverá nortear, por ocasião da execução contratual, as metodologias a serem utilizadas pelo time envolvido.

A vigência inicial do contrato (12 meses) e o limite para eventual prorrogação (até 60 meses) também podem ser citados no objeto, sendo necessária também menção mais detalhada ao longo do termo de referência. Não obstante, indica-se incluir que os trabalhos serão realizados "sem dedicação exclusiva de mão de obra, sob demanda", para melhor caracterização das atividades a serem executadas.

Havendo divisão em lotes, o objeto também precisará apresentar, de forma geral, o particionamento, descrendo a composição de cada um dos lotes envolvidos.

Para os órgãos e entidades participantes do SISP, recomenda-se citar a aderência à Portaria 750/23, a qual regulamenta a contratação de desenvolvimento de software no âmbito federal.

3 Justificativa

Por ocasião da elaboração do termo de referência, é imprescindível que o contratante justifique detalhadamente a aquisição, contextualizando e motivando a escolha das características elencadas para o objeto que se pretende contratar. Devem também ser abordados aspectos relacionados a: natureza do objeto, atendimento aos requisitos legais, agrupamento em lotes, composição de preços, amostras, garantias, utilização de sistema de registro de preços, entre outros.

Com base nas definições da Portaria 750/23 e nos modelos apresentados pelo SISP, são elencados a seguir alguns itens a serem tratados ao longo da justificativa da contratação:

- Contextualização e justificativas da contratação;
- Alinhamento ao planejamento institucional;
- Estimativa da demanda;
- Particionamento e divisão do objeto;
- Resultados e benefícios a serem alcançados.

No primeiro tópico, "contextualização e justificativa", é relevante constar o histórico da organização, descrevendo como o desenvolvimento de soluções se deu ao longo dos últimos anos. Importante citar se os desenvolvimentos, até então, ocorreram com equipe própria e/ou se já houve iniciativa anterior de contratação de fábrica, caracterizando os volumes contratados e/ou desenvolvidos anteriormente. Também pode ser referenciado o estudo técnico realizado pela contratada, citando pontos considerados significativos para motivar a contratação e melhor contextualizar as empresas participantes.

No segundo tópico, "alinhamento ao planejamento institucional", pode ser apresentada a identidade organizacional do contratante, demonstrando sua missão, visão e valores, resultantes do planejamento estratégico institucional. Deve-se justificar a necessidade da contratação do objeto na perspectiva da estratégia do órgão ou entidade. Pode ser complementado com objetivos e indicadores estratégicos do planejamento organizacional que tenham relação direta com a contratação, demonstrando como o objeto é relevante para a implantação da estratégia. Também é recomendado citar a relação do objeto com o Plano Diretor de Tecnologia da Informação e Comunicação PDTIC, desenvolvido e implantado pelo órgão contratante. Outros planos ou programas desenvolvidos internamente e que possuem relação com o objeto podem igualmente ser referenciados neste tópico.

Na sequência, a "estimativa da demanda" precisa demonstrar como foi realizado o dimensionamento para definição dos quantitativos do contrato, considerando o histórico de horas de desenvolvimento com time próprio ou contratações anteriores, acrescidos da expectativa de aumento da demanda em função de novos projetos planejados pela instituição. Os estudos técnicos devem incluir a memória de cálculo detalhada, a qual deve ser apresentada em linhas gerais nesse quesito da justificativa. Para uma definição da estimativa da demanda mais apurada, é importante que o contratante considere:

a) O portfólio de projetos elencados na instituição;
b) A complexidade e criticidade das plataformas, linguagens e frameworks a serem utilizados, o que permitirá a adequada definição dos perfis a serem envolvidos;
c) O portfólio de soluções a serem mantidas e sustentadas, bem como o volume esperado de manutenção para execução no período;

d) A capacidade de gerenciamento e fiscalização do órgão contratante;
e) O volume orçamentário disponível para investimento na contratação.

O "particionamento e divisão do objeto" tem de motivar e justificar a divisão (ou não) do objeto em lotes. Cabe lembrar que a Portaria 750/23, em seu item "4.2", estabelece que o contratante "(...) deve analisar, durante a fase de Planejamento da Contratação, a possibilidade de divisão do objeto em lotes. Para isso, podem ser utilizados critérios como: área de negócio, volume de demandas, tecnologia ou outro critério que permita a definição clara dos limites de cada lote". A adoção ou não do particionamento precisa ser motivada na justificativa, elencando os motivos que embasaram a decisão do contratante. Havendo a divisão em lotes, é fundamental que o termo de referência apresente critérios que assegurem a não sobreposição da realização de atividades em um mesmo escopo de item de software simultaneamente, conforme Acórdão TCU 2.362/2015-P.

Por fim, o item "resultados e benefícios a serem alcançados" deve detalhar o que se espera da contratação, elencando a economia e os aspectos de eficiência, eficácia e efetividade esperados.

Quando pertinente, o contratante pode estabelecer os critérios a serem adotados para direcionar as demandas de desenvolvimento e manutenção, seja para sua equipe própria de desenvolvedores ou para empresa contratada. Pode, ainda, estabelecer serviços específicos, que serão realizados por contratações complementares, a exemplo de:

- UX e experiência do usuário;
- Definição de requisitos e histórias de usuário;
- Homologação de versões e fiscalização contratual;
- Contagem e dimensionamento de tamanho de sistemas;

Cada órgão ou entidade, na fase de planejamento, deve considerar a sua realidade para apresentar uma justificativa que de fato fundamente e motive a contratação formalizada no ato convocatório. O Estudo Técnico Preliminar – ETP, desenvolvido no início da elaboração do projeto, fornece a maior parte dos insumos necessários para apoiar a motivação, como análise de mercado, avaliação das demandas internas e previsão dos quantitativos a serem contratados.

4 Detalhamento do objeto

A Súmula nº 177 do TCU considera que "*a definição precisa e suficiente do objeto licitado constitui regra indispensável da competição, até mesmo como pressuposto do postulado de igualdade entre os licitantes, do qual é subsidiário o princípio da publicidade, que envolve o conhecimento, pelos concorrentes potenciais das condições básicas da licitação*".

Portanto, a descrição do objeto, também nomeada de escopo do projeto, necessita apresentar de forma clara, suficiente e precisa o objeto a ser contratado, com detalhamento que permita aos participantes realizarem a precificação para participação no processo licitatório.

Os modelos do SISP estruturam a descrição do objeto em dois grandes blocos: descrição da solução e especificação dos requisitos da contratação.

Descrição da solução:

Objetiva descrever de forma clara o objeto a ser executado pela empresa contratada, apresentando as características gerais da solução e a descrição dos bens e serviços a serem fornecidos.

A caracterização do objeto precisa considerar, para órgãos do SISP, a referência ao atendimento da Portaria 750/23, definindo a(s) modalidade(s) de remuneração envolvida(s) para as atividades a serem executadas. Deve ser justificada a natureza comum dos serviços, em função de padrões de mercado pré-estabelecidos, que permitam fixar critérios para controle da qualidade e desempenho da execução contratual.

Um serviço possui caráter de natureza continuada se, quando interrompido, compromete a continuidade das atividades essenciais prestadas pelo Estado. São caracterizados em função da essencialidade e habitualidade e objetivam evitar prejuízos relacionados às atividades de desenvolvimento de software. Quando pertinente e aplicável, importante justificar na caracterização do objeto a motivação para o referido enquadramento, possibilitando que os serviços sejam prorrogados até o limite de 60 (sessenta) meses, nos termos da legislação vigente.

A descrição dos bens e serviços deve apresentar, de forma clara, o conjunto de atividades contempladas no objeto da contratação, as quais deverão ser executadas pela contratada. Deve caracterizar os novos desenvolvimentos e a manutenção e sustentação de sistemas já existentes, conforme o objetivo definido para o contrato. São exemplos de atividades o levantamento de requisitos, o design e arquitetura das soluções, a codificação, os testes e a homologação. É possível, também, envolver processos decorrentes da aplicação de métodos ágeis e a criação e atualização de visão de negócio, planejamento, backlog e *releases*. Pode incluir homologação de sistemas junto a usuários, apoio na implantação em produção e na adoção de medidas para proteção de dados e segurança da informação, suporte e garantia relacionados aos sistemas desenvolvidos e a transferência de conhecimento técnico por parte da contratada.

Nesse tópico, é de extrema importância citar o necessário alinhamento ao processo de desenvolvimento de software do contratante, o qual deverá estar detalhado em um anexo do termo de referência.

Especificação dos requisitos da contratação:

Ao contratar os serviços de desenvolvimento de software, é imprescindível detalhar as especificações e características necessárias para definir o escopo do objeto e as regras que os fornecedores deverão seguir, com o objetivo de garantir que o bem ou serviço a ser recebido está em conformidade com o que se deseja.

O tópico "requisitos da contratação" descreve esse conjunto de características e especificações, detalhando os itens necessários e suficientes à escolha da solução que melhor atenda a sua necessidade.

A seguir vamos listar os principais requisitos a serem detalhados na contratação:

Requisitos de negócio

Conhecer como funcionam as regras de negócio de uma organização é fundamental para que a contratação do desenvolvimento de software e a implantação da solução tecnológica ocorra com sucesso.

As regras de negócio determinam o escopo do projeto. Estas são as diretrizes relacionadas ao objetivo da contratação; isto é, definem as necessidades e os aspectos funcionais da solução a ser desenvolvida. Estão intrinsicamente ligados à estratégia da contratação, pois definem, em linhas gerais, as características da solução a ser entregue.

Em termos gerais, a definição dos requisitos de negócio deve ter uma formulação parecida com: *"A contratação de serviços de desenvolvimento, manutenção, sustentação, testes e controle de qualidade de software deverá possibilitar que... [lista de requisitos funcionais da solução]".*

Requisitos Tecnológicos

Os requisitos tecnológicos descrevem as regras vinculadas ao processo de desenvolvimento de software, item que, conforme detalhado anteriormente nesta obra, necessita ser formalmente estabelecido e publicado pelo órgão ou entidade junto com o termo de referência (em capítulo específico ou anexo).

Ao definir os requisitos tecnológicos, a instituição precisa determinar o modelo de construção do novo software e as atividades previstas para manutenção e sustentação da solução, incluindo as formas de remuneração.

Esse também é o momento de definir o hardware e software a serem utilizados, os padrões de interoperabilidade, linguagens de programação, interface, entre outros.

Requisitos de Capacitação

Os requisitos de capacitação definem a necessidade de treinamento dos funcionários em relação aos padrões estipulados para a solução, ferramentas e processos utilizados no ambiente do órgão contratante.

A definição dos requisitos de capacitação deve incluir o formato do treinamento (presencial, online, ensino à distância – EaD), a carga horária, o material didático a ser fornecido, caso haja previsão, e demais regramentos a serem observados.

Requisitos Legais

Os requisitos legais designam as normas com as quais a solução de TIC precisa estar em conformidade.

Em termos gerais, a definição dos requisitos legais apresenta uma listagem de leis, normas, regulamentos, padrões e políticas a serem observados pelo fornecedor contratado.

Requisitos de Manutenção e suporte técnico

Os requisitos de manutenção e suporte técnico determinam a necessidade de prestação de serviços de manutenção preventiva, corretiva, adaptativa e evolutiva, além do suporte aos usuários da solução a ser desenvolvida.

A manutenção preventiva está relacionada ao monitoramento do ambiente, com o objetivo de antecipar eventuais problemas que possam prejudicar o correto funcionamento da solução. Os requisitos vinculados a esse tipo de manutenção dizem respeito a: frequência de monitoramento, máquinas e/ou recursos a serem monitorados, tempo máximo de resposta ao encontrar um mau funcionamento ou comportamento inesperado.

A manutenção corretiva está relacionada à correção de defeitos encontrados na solução. Os requisitos vinculados a esse tipo de manutenção referem-se às responsabilidades de identificar os defeitos e as causas raízes dos problemas encontrados, bem como o modelo de remuneração pelo serviço, devendo a administração levar em conta o prazo de garantia a ser disponibilizado.

A manutenção adaptativa está relacionada às alterações que visam adaptar o software a uma modificação do ambiente de desenvolvimento, como por exemplo a necessidade de atualização de uma versão do navegador ou do banco de dados. Os requisitos vinculados a esse tipo de manutenção relacionam-se ao tempo de adaptação e a forma de remuneração prevista.

A manutenção evolutiva está relacionada às alterações que visam agregar novas funcionalidades ou melhorias à solução. Os requisitos vinculados a esse tipo de manutenção dizem respeito aos modelos de levantamento dos requisitos da nova funcionalidade, de inclusão das alterações no backlog de desenvolvimento e planejamento de inclusão nas *sprints*, os tempos de cada etapa e a forma de remuneração prevista.

Em relação ao suporte técnico, os requisitos estão relacionados ao canal de atendimento (chat, telefone, portal, entre outros), tempo máximo de resposta e forma de remuneração prevista.

Requisitos Temporais

Os requisitos temporais definem as datas de entrega da solução contratada, bem como o formato de cômputo dos prazos.

Nessa ocasião, a instituição precisa definir se os prazos devem ser contados em dias úteis ou corridos, se incluem ou excluem os dias de início e término, os feriados a serem considerados ou desconsiderados, o fuso horário e a escala de trabalho.

As datas de entrega da solução necessitam estar alinhadas ao processo de desenvolvimento de software selecionado para a contratação, bem como o escopo do projeto – definido no levantamento dos requisitos de negócio.

Requisitos de segurança da informação

Os requisitos de segurança da informação, como o próprio nome sugere, devem tratar todos os aspectos de segurança dos dados e informações do projeto.

A Administração, ao descrever os requisitos de segurança da informação, deve exigir que a empresa contratada garanta:

- A observância às disposições da Lei Geral de Proteção de Dados (LGPD, lei nº 13.709/2018);
- Os aspectos vinculados à disponibilidade, integridade, confidencialidade, privacidade e autenticidade das informações tratadas durante o processo de desenvolvimento;
- Que os funcionários, sempre que necessária a presença física ou virtual em eventos, observem os procedimentos contidos nas normas de segurança corporativa da instituição e da Administração Pública em geral.

Outro aspecto importante a ser exigido da empresa contratada é a assinatura do Termo de Compromisso de Manutenção do Sigilo de todas as informações obtidas na prestação dos serviços, garantindo, assim, a responsabilidade civil e criminal pela quebra da confidencialidade dos dados obtidos durante a execução do contrato.

Requisitos Sociais, Ambientais e Culturais

Os requisitos sociais, ambientais e culturais estabelecem os aspectos que a solução de TIC e o time de desenvolvimento necessitam atender para estar em conformidade com costumes, idiomas e ao meio ambiente.

Como exemplos de requisitos sociais podemos citar as exigências de vestuário adequado, a preservação da comunicação com urbanidade e cortesia, o respeito aos funcionários e colaboradores do projeto independente da posição hierárquica, entre outros.

Ao tratar os requisitos ambientais, podem ser realizadas exigências relacionadas à redução do uso de papel e impressões, à utilização racional de energia elétrica pela utilização de configurações de hardware e software e ao uso eficiente de espaços de armazenamento virtual com vistas ao melhor índice de aproveitamento do processamento de recursos.

Em relação aos requisitos culturais, é possível exigir que os documentos e relatórios, por exemplo, sejam produzidos em língua portuguesa.

Requisitos de Arquitetura Tecnológica

Os requisitos de arquitetura tecnológica determinam as diretrizes da arquitetura de desenvolvimento a ser adotada pela empresa contratada. Esses requisitos precisam estar alinhados com os requisitos tecnológicos descritos anteriormente.

Devem estabelecer as regras de arquitetura, como por exemplo a definição de serviços, padrões de interoperabilidade a serem seguidos, linguagens de programação e definição dos equipamentos e softwares a serem utilizados.

Requisitos de Projeto e de Implementação

Os requisitos de projeto e de implementação designam as regras e características do processo de desenvolvimento do software, tais como técnicas, métodos, formas de gestão e documentação das funcionalidades desenvolvidas.

Como exemplo, um requisito de projeto pode exigir que a contratada utilize o conceito de *Security by Design* durante todo o ciclo de vida da entrega da solução; ou, que as atividades de implementação de código observem às recomendações de acessibilidade previstas na Lei Brasileira de Inclusão (LBI, lei nº 13.146/2015).

Requisitos de Implantação

Os requisitos de implantação estabelecem as regras para a disponibilização da solução em produção; isto é, o processo de liberação da solução para uso.

Dentre os principais requisitos de implantação, destacam-se a adoção de mecanismos de automação e de integração contínua e as práticas de prevenção de obstáculos como uso de rotinas de *backup* e *rollback*.

A seção de requisitos de implantação também deve descrever os horários e equipes envolvidas para implantação da solução (ou parte dela) e os critérios a serem observados quando tratados serviços de missão crítica ou de uso essencial.

Requisitos de Garantia e Assistência Técnica

Os requisitos de garantia e assistência técnica definem a forma como será conduzida a manutenção e o acionamento da garantia prevista para a solução.

No processo de desenvolvimento de software, é natural a ocorrência de erros e/ou falhas no funcionamento dos serviços. Ao descrever os requisitos de garantia, a instituição deve assegurar que os defeitos nos produtos ou serviços executados sejam corrigidos.

Os defeitos compreendem, mas não se limitam a imperfeições percebidas em um serviço contratado, contemplando também a ausência de artefatos obrigatórios e quaisquer ocorrências que impeçam o andamento normal dos serviços.

Ao definir os requisitos de garantia e assistência técnica, é importante fazer vinculação aos níveis mínimos de serviço já previstos em seções anteriores, conforme detalhado nesta obra. Essa vinculação garante que sejam previstas regras claras e consistentes, amparadas por indicadores de desempenho.

É recomendado que a garantia seja prevista para toda a vigência do contrato e por um período após o seu término, de forma a possibilitar o acionamento posterior às últimas entregas programadas da solução.

Da mesma forma, as glosas decorrentes de demandas em garantia devem contemplar as solicitações abertas nesse período supracitado (vigência e pós-vigência do contrato), podendo ser aplicadas às faturas ainda não liquidadas ou à caução apresentada como garantia pela empresa contratada, conforme previsto na legislação vigente.

Outro ponto relevante a se considerar no estabelecimento dos requisitos de garantia é que esta só deve abranger os defeitos que não tenham se dado em razão das especificações feitas pela instituição – isto é, caso um defeito seja decorrente de uma má definição realizada pelo solicitante, a empresa contratada não incorre na obrigação de realizar o ajuste como um item de assistência técnica vinculada à garantia da solução. O mesmo princípio se aplica aos artefatos que tenham sido alterados desde a sua disponibilização. Nesse caso, a alteração implica na quebra da obrigação de garantia.

Requisitos de Formação da Equipe

O grande desafio em se contratar uma fábrica de software está na seleção da equipe que trabalhará na construção da solução. O processo de desenvolvimento geralmente é complexo, assim como o conhecimento necessário para transformar requisitos em uma solução que atenda a todas as necessidades de negócio.

Por esse motivo, a definição dos requisitos de formação das equipes de desenvolvimento é uma tarefa de suma importância para a contratação. Esta definirá as exigências profissionais da equipe que projetará, implementará e implantará a solução.

O sucesso da contratação depende da definição de uma equipe com especialistas bem treinados, entrosados, com um bom planejamento e com objetivos claros e bem definidos.

Os requisitos precisam estabelecer os perfis e a composição mínima dos times previstos, indicando os papeis, a formação e experiência exigidas, os conhecimentos técnicos a serem empregados e as formas de comprovar que os profissionais atendem às demandas solicitadas.

Ao definir os requisitos de formação da equipe, a instituição deve estabelecer se permitirá o compartilhamento de profissionais em equipes simultâneas ou, ainda, o acúmulo de funções em um projeto por um mesmo profissional – e, em caso afirmativo, os limites permitidos.

A definição da equipe da fábrica de software impactará diretamente o cronograma e a qualidade de cada entrega, bem como o custo total do projeto. Por esse motivo, é interessante saber dosar adequadamente a quantidade de profissionais em cada nível de maturidade: júnior, pleno e sênior.

Por fim, é importante definir, além das qualidades técnicas, as habilidades comportamentais do time de desenvolvimento. Características como comunicação clara e objetiva, capacidade de trabalho em equipe, proatividade e bom relacionamento interpessoal e profissional são requisitos essenciais para uma boa contratação.

Diferentemente dos requisitos técnicos, que podem ser comprovados por intermédio de documentação (diplomas, currículos, certificados), os requisitos comportamentais devem ser avaliados por meio de monitoramento periódico do Indicador de Avaliação Individual do Perfil Profissional – IPP, já descrito anteriormente.

Requisitos de Metodologia de Trabalho

Os requisitos de metodologia de trabalho definem a metodologia de desenvolvimento de software a ser adotada.

Como exemplo, o instrumento convocatório pode estabelecer que deverá ser adotada a metodologia de desenvolvimento ágil de desenvolvimento de software, observando as diretrizes do processo de software estabelecido para o projeto.

Requisitos de Propriedade Intelectual;

Os requisitos de propriedade intelectual determinam como serão estabelecidos os direitos de propriedade e autoria da solução de TIC sobre os diversos artefatos e produtos oriundos da contratação.

Segundo a norma, os requisitos devem prever a proteção da propriedade intelectual de produtos de tecnologia e regulamentos correlatos, bem como produtos, documentos e material intelectual desenvolvidos no âmbito do escopo da contratação. Dessa forma, todos os artefatos gerados ou alterados no decorrer do contrato, incluindo documentação, normas, guias, scripts, códigos-fontes, páginas web, modelos e bases de dados, precisam pertencer à Administração, devendo ser justificados os casos em que isso não ocorrer.

Assim como os direitos de propriedade intelectual, os direitos permanentes de uso e instalação sobre todas as adequações dos produtos de TIC desenvolvidos durante a vigência do contrato devem pertencer à Administração.

5 Deveres e responsabilidades

O contrato que se deseja celebrar é um acordo que gera obrigações recíprocas entre a partes, pactuado com o objetivo de alcançar o interesse público. Logo, o tópico "deveres e responsabilidades" descreve, de forma clara e completa, o conjunto de obrigações assumido pelas partes por ocasião da assinatura do contrato.

Obrigações do contratante:

Do lado do contratante, é importante incluir o alinhamento à Instrução Normativa SGD-ME nº 94, de 23 de dezembro de 2022, que regulamenta o processo de contratação de soluções de TIC pelos órgãos e entidades integrantes do SISP, do planejamento até a execução do contrato. Recomenda-se incluir também a obrigatoriedade de autuação de processo administrativo para registro de aceites, ocorrências contratuais, critérios de aceitação e verificações de conformidade.

Cada órgão deve analisar seu caso concreto, sendo indicado conter obrigações de nomeação do gestor e fiscal do contrato, encaminhamento formal de demandas, fornecimento de informações para a execução, recebimento do objeto, garantia de acesso aos funcionários da contratada, quando pertinente, entre outros.

Deve incluir aspectos específicos relacionados ao desenvolvimento de software, tais como: participação no levantamento de requisitos e homologação de sistemas; fiscalização e acompanhamento dos serviços; notificação de desconformidades;

e aplicação de glosas administrativas conforme os níveis mínimos de serviço estabelecidos.

Aconselha-se, da mesma forma, incluir proibições como a ingerência sobre equipe da contratada, sendo vetado dar ordens diretas aos empregados ou considerá-los como funcionários do órgão.

Uma descrição completa das obrigações do contratante pode ser obtida nos modelos disponibilizados pelo SISP.

Obrigações da contratada:

Para a contratada, é necessário estabelecer as condições que garantam o efetivo cumprimento do objeto, incluindo normas para a aplicação de níveis mínimos de serviço que assegurem a adequada execução contratual. Deve definir os aspectos relacionados ao preposto, que representará a contratada perante todas as obrigações contraídas pelo contrato.

Importante fazer referência ao time da contratada, fator relevante na entrega de valor, assegurando que sejam alocados e mantidos, por toda a execução contratual, funcionários devidamente capacitados e aptos para a execução das atividades previstas, com equipamentos adequados e configurados conforme necessário. Aspectos como observância à Lei Geral de Proteção de Dados – LGPD e segurança da informação também são recomendados. A cessão para o contratante dos direitos autorais e de propriedade intelectual sobre todos os produtos e artefatos produzidos necessita igualmente constar como obrigação da contratada.

Cada órgão possui minutas próprias de termos de referência para a execução de serviços que podem ser utilizadas para elaboração das obrigações da contratada, por ocasião da elaboração do termo de referência. Os modelos do SISP também fornecem uma descrição completa destas obrigações, sendo referência obrigatória para os órgãos participantes.

6 Modelo de execução contratual

Para a adequada execução dos serviços, é necessário estabelecer um modelo que determine as etapas e normas para início da operação contratual e recebimento e execução das demandas contratuais.

O SISP apresenta modelo de execução composto pelas seguintes etapas e controles:

Inicialização dos serviços:

A reunião inicial objetiva nivelar entendimentos acerca do contrato e execução dos serviços, apresentar e formalizar o preposto da contratada e coletar os termos de sigilo da equipe envolvida na próxima etapa dos trabalhos.

A ambientação e o repasse inicial de conhecimento ocorrem em período previamente determinado, quando a contratada deverá empreender as iniciativas necessárias para absorção de conhecimentos que possibilitem a adequada execução contratual. Nesse período, poderá dirimir dúvidas e conhecer o ambiente computacional, a estrutura do órgão, o parque de sistemas que deverá ser sustentado e o portfólio de projetos já evidenciados pelo contratante.

O modelo do SISP apresenta quatro semanas como período máximo para execução da ambientação. Cada órgão e entidade deve avaliar suas necessidades, estrutura, tamanho do parque e quantidade e complexidade de projetos previstos para melhor definição do tempo a ser adotado.

Execução dos serviços:

A formalização da demanda consiste nos procedimentos para encaminhamento, por parte do contratante, das necessidades evidenciadas durante a execução contratual. É recomendado que o termo de referência estabeleça a ferramenta de controle de demandas, bem como o conjunto mínimo de informações que deverá caracterizar a ordem de serviço, tais como: especificação dos serviços, objetivos e metas de produtividade, produtos esperados, requisitos, cronograma e responsáveis pela solicitação.

Deve também detalhar a quantidade e os perfis dos funcionários da contratada necessários para a execução dos serviços e as regras de composição de time e alocação, quando aplicável. O SISP recomenda que os prazos máximos para a alocação dos profissionais estejam descritos na ordem de serviço, com aplicação de glosas sempre que os limites estabelecidos forem extrapolados pela contratada. É possível, ainda, permitir que a ordem de serviço seja iniciada antes do prazo previsto, desde que todos os requisitos estabelecidos na contratação sejam cumpridos e o contratante esteja de acordo com a antecipação.

Da mesma maneira, é importante especificar como as ordens de serviço serão executadas, estabelecendo obrigatoriedade de uso da ferramenta de gestão de demandas do contratante e definindo os prazos e responsáveis pela emissão dos aceites provisórios e definitivos com relação às entregas realizadas. É recomendado descrever as metas de produtividade, que nortearão a avaliação de desempenho dos profissionais, e possível aplicação de glosas em função do não alcance dos níveis mínimos de serviço estabelecidos.

Não é incomum que se enfrentem problemas com equipe alocada pela contratada no que se refere ao comprometimento com as atividades e a qualidade dos serviços prestados. Nesse sentido, também é relevante prever a possibilidade de solicitação de substituição dos profissionais, estabelecendo condições e prazos a serem observados e as glosas passíveis de aplicação pela administração.

Como em contratos desta natureza, de fábrica de software, a propriedade intelectual e comercial dos artefatos produzidos pertence ao contratante, é relevante incluir nesse tópico as condições para a entrega dos códigos-fontes e demais documentações relacionadas à solução desenvolvida.

Local de entrega e execução:

Desde a pandemia de COVID-19, o trabalho remoto passou a ser bastante praticado e aceito pelo mercado. Algumas naturezas de atividade, como o caso do desenvolvimento, podem ser realizadas a partir da sede da contratada, sem prejuízo a sua execução. Existem, contudo, situações de complexidade, segurança ou outras específicas, em função do negócio do contratante, que podem demandar a realização presencial dos serviços.

Logo, é importante que se descreva no termo de referência todas as condições relacionadas ao local de execução das atividades, definindo a operação em presencial, remota ou mista. Mesmo quando as atividades forem remotas, é necessário estabelecer as situações em que serão demandadas a presença da equipe do contratante, os prazos para apresentação presencial do time e a inclusão das despesas de deslocamento e hospedagem no preço ofertado pela participante no processo licitatório.

Quanto à estrutura, a contratada deverá prover, sem ônus ao contratante, todos os recursos necessários para a execução dos serviços, por parte de seus profissionais, em suas dependências.

Mecanismos de controle

O contratante é responsável pelo controle e fiscalização da execução contratual, devendo atuar para que os serviços atendam aos padrões de qualidade estabelecidos. Faz-se necessário avaliar, por ocasião do início dos trabalhos, a cada ordem de serviço e na finalização contratual, o cumprimento de obrigações trabalhistas, sociais e previdenciárias por parte da contratada.

As metas definidas no termo de referência deverão ser norteadoras da fiscalização das entregas, por meio da avaliação dos níveis mínimos de serviço estabelecidos e do cumprimento dos demais requisitos contratuais.

O contratante deve se abster da prática de atos que configurem ingerência sobre o time da contratada, tais como: dar ordens e realizar cobranças diretas; negociar férias, folga, compensação ou qualquer outro direito trabalhista; promover desvio das funções do perfil alocado; e qualquer outra prática que configure grau de subordinação. Não se pode, também, indicar pessoas para o quadro funcional da contratada, bem como considerar os funcionários da empresa como servidores eventuais do órgão ou entidade.

Perfis profissionais da contratada que não estejam diretamente relacionados aos entregáveis previstos, tais como funções administrativas, comerciais e de preposto não podem ser diretamente remuneradas. Além disso, deve ser vetado que a própria contratada apure e contabilize os níveis mínimos de serviço que serão utilizados para assegurar a qualidade das entregas realizadas e a eficiência dos processos adotados.

Transição contratual final

Ao término do contrato, no encerramento das atividades, a empresa contratada deverá realizar a transferência de todos os dados, documentos e artefatos necessário para a continuidade dos serviços pela administração ou por outra empresa contratada.

Durante seu estudo técnico, entre as diversas atividades a serem elencadas pelo contratante para a transição contratual estão: a entrega do código-fonte das versões finais de todos os produtos e artefatos produzidos; toda a documentação do(s) sistema(s); a transferência de conhecimentos; a devolução de todos os recursos que tenham sido disponibilizados pelo contratante; e a revogação de todas as permissões e acessos que tenham sido concedidos ao time da contratada.

O plano de transição, a ser elaborado e entregue pela contratada, deverá abranger:

- A lista dos profissionais envolvidos na transição, com papéis e responsabilidades definidos;
- Os prazos para execução das atividades;
- Os produtos a serem gerados e ou/entregues em cada etapa da transição;
- Os marcos, por etapa, para possibilitar o acompanhamento pelo contratante;
- A lista de ordens de serviço abertas e que deverão ser encerradas por ocasião do término do contrato;
- As providências, continuidade e recomendações para as ordens de serviços a serem encerradas.

O SISP, em seu modelo, não prevê pagamento direto à contratada pela execução da transição, estabelecendo ainda a possibilidade de quebra de contrato quando a contratada se recusar ou não colaborar com a transição final contratual.

Repasse de conhecimento

Para assegurar a continuidade dos serviços e propiciar o entendimento técnico que permitirá a manutenção e evolução dos sistemas desenvolvidos, a contratada deverá realizar repasse de conhecimento por meio de capacitações que contemplem e transmitam o conhecimento necessário. Precisam ser abordadas as tecnologias relacionadas a todas as etapas do desenvolvimento e manutenção, incluindo levantamento, programação, testes, homologação e implantação.

O repasse deve abranger aspectos relacionados a interação e manuseio das soluções, detalhamento da documentação, particularidades e especificidades da implementação, aspectos relacionados ao armazenamento e eventuais integrações existentes. O SISP, em seu modelo, não prevê pagamento direto à contratada pela execução do repasse de conhecimento.

Mecanismos de comunicação

São mecanismos formais de comunicação estabelecidos na Portaria 750/23 e nos modelos do SISP:

- Ordem de serviço;
- Ata e registro de reunião;
- Ofício;
- Registros no sistema de demandas e chamados;
- Cartas e e-mails encaminhados;
- Gravações e registros de reuniões e levantamentos ocorridos.

Cada órgão e entidade deve avaliar suas particularidades e incluir outros instrumentos de comunicação que pretenda utilizar para gestão e fiscalização do contrato.

Sigilo e segurança

Muitas das informações necessárias para a execução contratual refletem dados sensíveis e que devem ser preservados sob sigilo. Por isso a importância de se estabelecer cláusula específica, a qual determine que qualquer dado, informação e documento que venha a ser revelado durante a execução necessita ser mantido sob sigilo.

É recomendado exigir que o representante da contratada assine termo específico relacionado à manutenção do sigilo sobre as informações, e que todos os membros da equipe da contratada, envolvidos nas atividades contratuais, assinem termo de ciência.

Papéis e responsabilidades

Para que a operação do contrato ocorra de forma adequada, são definidos papéis da contratante e contratada que atuarão na gestão dos projetos, a saber: gestor do contrato; preposto da contratada; fiscal técnico; fiscal administrativo; e fiscal requisitante do contrato. Cada órgão, em seu estudo técnico, deve definir os perfis adequados para a efetiva gestão contratual.

O gestor do contrato é responsável pela coordenação do processo de gestão e fiscalização, devendo encaminhar a ordem de serviço, monitorar a execução, autorizar faturamentos e pagamentos, encaminhar as modificações contratuais, interagir com o preposto acerca de avaliações de desempenho e qualidade e encerrar as ordens de serviço.

O preposto da contratada é o incumbido, nomeado pela empresa, para representá-la perante qualquer questão técnica, legal e administrativa, necessitando plenos poderes para assinar documentos e responder em nome da contratada.

O fiscal do contrato é o profissional, indicado pelo contratante, encarregado por todas as atividades de controle e fiscalização. Precisa realizar o monitoramento técnico, acompanhando a execução de cada uma das OS, e fornecendo o apoio técnico necessário para os demais envolvidos na execução contratual por parte do contratante. Realiza também validações técnicas das entregas, como a homologação das versões disponibilizadas e seus acompanhamentos em produção. É, ainda, responsável pelo ateste provisório e definitivo das versões e pela apuração dos níveis mínimos de serviço, com aplicação de glosas quando pertinente, bem como por solicitar correção de falhas e não conformidades identificadas.

O fiscal administrativo do contrato, também indicado pelo contratante, é incumbido pelos encaminhamentos contratuais, atuando na fiscalização administrativa, trabalhista, fiscal e previdenciária para fins de pagamento.

O fiscal requisitante é o servidor do contratante lotado na área de negócio que demandou o desenvolvimento da solução. Ele é encarregado por atestar o sistema do ponto de vista de negócio e funcional, avaliando a qualidade e efetividade da solução entregue. Precisa apoiar o fiscal técnico das homologações, implantações e aceites emitidos na execução contratual. Ele fornece qualquer apoio necessário que possua relação com aspectos de negócio da aplicação.

Adoção de ferramentas e software:

É importante que o contratante defina aspectos relacionados aos softwares e ferramentas necessários à execução contratual, determinando que a contratada forneça toda a infraestrutura e softwares de apoio necessários para a consecução do objeto do contrato.

A adoção de ferramentas fornecidas pela contratada é permitida, a critério do contratante, garantindo o recebimento periódico dos dados em formato aberto e qualquer eventual licenciamento, quando aplicável, decorrente do uso destas tecnologias.

7 Modelo de gestão contratual

O termo de referência deve estabelecer um modelo com critérios e procedimentos para a gestão do contrato, com a devida apuração dos níveis mínimos de serviço e a aplicação de glosas contratuais, quando aplicável.

O SISP apresenta modelo de gestão composto pelas seguintes etapas e controles:

Critérios de recebimento e aceitação

É recomendado estabelecer mensalmente a entrega de relatório, com o detalhamento das ordens de serviços executadas e efetivamente homologadas pelo contratante, que demonstre os serviços executados, produtos entregues, perfis empregados e esforço em Horas de Serviço Técnico – HST ou em Pontos de Função – PF, conforme a modalidade de remuneração adotada pelo contratante.

O referido relatório precisa ser encaminhado para a validação da equipe de fiscalização técnica do contratante, antes da emissão da fatura. A este, a equipe do contratante fará juntar as medições de níveis de serviço, com respectiva memória de cálculo, e aplicação de glosas quando verificada qualquer desconformidade.

O aceite provisório, segundo o modelo do SISP, deve ser emitido no recebimento do relatório, quando inicia o período de 15 dias úteis para homologação e testes da versão, com posterior emissão do aceite definitivo – o qual autorizará a emissão da nota fiscal e seu subsequente pagamento.

Procedimentos de teste e inspeção

O contratante é responsável pela verificação da conformidade dos serviços entregues, baseada em critérios previamente estabelecidos no ato convocatório, podendo realizar inspeções, auditorias e verificações que considerar pertinentes sobre qualquer das etapas do serviço contratado, objetivando assegurar que a contratada aplique processos adequados para garantir os testes, a qualidade e a segurança das aplicações desenvolvidas.

Metas de produtividade

O termo de referência deve estabelecer, de forma clara, os critérios que serão utilizados para avaliar a produtividade da equipe da contratada durante a execução contratual. O modelo do SISP apresenta três alternativas, com as respectivas metas:

a) Por tamanho funcional: 0,58 pontos de função por dia por desenvolvedor – demanda que a modalidade de remuneração da contratação seja medição por ponto de função ou que o termo de referência adote o PF como meta de produtividade;
b) Por linhas de código: 33,33 linhas de código por dia por desenvolvedor – exige que o contratante possua guia de padrão de código que assegurem o *clean code* (técnica que facilita a escrita e a leitura de um código);
c) Por produtos de dados: produtividade mínima estabelecida por produto de dados – requer a criação e publicação, no termo de referência, de um catálogo com os produtos e serviços e seu dimensionamento de esforço em HST ou que, no planejamento da *sprint*, sejam identificados os produtos e serviços previstos e o respectivo esforço para sua elaboração.

Níveis mínimos de serviço exigidos

O objetivo dos indicadores de Nível Mínimo de Serviço – NMS é verificar a adequação da prestação do serviço, devendo ser apurados mensalmente pelo contratante, com posterior incidência de advertência ou glosa, conforme disposto no termo de referência. A Portaria 750/23 estabelece uma obrigatoriedade de indicadores a serem aplicados, por modalidade de remuneração, conforme já apresentado nesta obra.

O SISP, quando da audiência pública nº 08/22 – SGD, objetivando registro de preços para desenvolvimento de software na modalidade de alocação de profissionais, serviço de desenvolvimento e manutenção de sistemas, apresentou seis indicadores:

a) Indicador de Aceitação da *Sprint*/Entrega (IAS);
b) Indicador de Produtividade Ágil (IPA);
c) Indicador de avaliação individual do Perfil Profissional (IPP);
d) Indicador de Qualidade de código (IQC);
e) Indicador de Desmobilização de Equipe (IDE);
f) Indicador de Satisfação do dono do Produto (ISP).

Segundo a portaria, os quatro primeiros listados são de uso obrigatório para a modalidade de alocação de profissionais. Os dois seguintes foram incluídos no termo de referência pela equipe de contratação do SISP, por entenderem como necessários para cobrir todos os riscos inerentes da contratação.

A discussão que surge, principalmente entre os contratantes, é com relação ao esforço demandado para medir mensalmente todos os seis indicadores, acrescidos dos demais critérios de avaliação e aplicação e glosas, estabelecidos no contrato – dado que a medição de indicadores implica em coletar dados relacionados à execução contratual, comumente ainda não obtidos de forma automática, dificultando sua aferição. Por isso, a depender da maturidade, muitos órgãos terão que evoluir no uso de ferramentas e tecnologias que apoiem na automatização da coleta de indicadores, em muitos casos sendo demandada a contratação e implantação de tais soluções.

É preciso refletir sobre o diferente estágio de maturidade no desenvolvimento de sistemas dos órgãos e entidades da administração pública brasileira, incluindo os do SISP, que muitas vezes não possuem a estrutura e preparação suficientes para garantir que consigam apurar mensalmente o conjunto de critérios disposto no edital.

Para os órgãos não participantes do SISP e que, portanto, não estão obrigados à portaria[11], cabe avaliar a cada caso, analisando os indicadores sugeridos e assegurando que a cobertura dos indicadores de nível de serviço incluídos no termo de referência contemple as dimensões necessárias e que assegurem a qualidade dos resultados obtidos com a contratação, principalmente quando do uso da modalidade de alocação de profissionais. Isto porque a opção por essa categoria não pode se aproximar do antigo posto de trabalho, com a simples alocação sem o devido controle de qualidade e de metas de produtividade, sendo necessária avaliação por meio de indicadores que apontem se os resultados obtidos atendem às expectativas contratuais.

Para os órgãos com baixa maturidade no desenvolvimento de software é recomendado que, durante os estudos técnicos, as eventuais ferramentas necessárias sejam avaliadas, contratadas e

---

[11] Devem observar a legislação e normativas estaduais ou municipais, conforme sua esfera, e o entendimento da Corte de Contas à qual estejam vinculados.

implantadas, como parte da preparação para a posterior execução contratual.

Sanções Administrativas e Procedimentos para Glosa no Pagamento

Cada órgão e entidade possui um modelo de edital que inclui as sanções administrativas a serem aplicadas por ocasião da execução contratual. Nesse modelo, devem ser inseridas as glosas, específicas para o objeto, podendo ser adotado o padrão definido pelo SISP em suas contratações.

Na forma de tabela, deve apresentar as "ocorrências" e suas respectivas "punições", que poderão consistir em uma simples advertência, passando pela redução do pagamento, até a rescisão contratual ou até mesmo a declaração de inidoneidade.

Para o não atendimento do indicador de aceitação da *sprint* (IAS), por exemplo, quando a medição for abaixo de 55%, o SISP recomenda aplicar uma advertência. Havendo reincidência, a contratada deverá ser multada em 10% do valor do mês de apuração. Isso visa motivar que as *sprints* entregues estejam em conformidade com os requisitos estabelecidos.

Para cada indicador selecionado pelo contratante para inclusão no termo de referência, necessita ser incluída a respectiva glosa na tabela, indicando os critérios para aplicação da redução sobre o valor mensal.

Alternativamente, órgãos não integrantes do SISP podem aplicar o modelo de pontuação, já explicado neste livro, que soma os pontos obtidos para a efetiva definição da glosa a ser aplicada.

Pagamento

Conforme modelo padrão de cada contratante, é preciso especificar todas as condições necessárias ao pagamento o objeto, incluindo a periodicidade, prazos, atrasos, entre outros.

Dada a contratação sob demanda, sem exclusividade e com aferição de resultados, é importante especificar que os serviços serão pagos quando e se efetivamente executados, com prévia emissão de ordem de serviço, devendo ser avaliados mediante metas de produtividade e níveis mínimos de serviço – que poderão se refletir em advertência e glosas a serem aplicadas no mês de referência do pagamento. Importante inclusive apresentar a fórmula para aplicação da redução do valor, a ser aplicada mediante aferição mensal.

8 Outras informações necessárias

Uma série de outras informações devem ser dispostas no termo de referência conforme os modelos do SISP, as quais apresentamos de forma resumida a seguir:

Estimativa de preços da contratação:

A Lei Geral de Licitações estabelece a necessidade de levantar três orçamentos ou contratos similares realizados pela administração pública para embasar o orçamento estimativo, que deve constar do termo de referência para orientar o preço máximo a ser pago pela administração.

Vigência do contrato:

A cláusula de vigência estabelece o período no qual o objeto contratual será entregue pela contratada. Determina o espaço de tempo no qual os quantitativos previstos para a contratação serão executados, conforme demandas formalizadas pelo contratante.

Importante definir critérios de prorrogação, quando os serviços forem de natureza continuada, justificando de forma pormenorizada o referido enquadramento, o que permitirá que o contrato seja prorrogado até o limite de 60 (sessenta) meses.

Reajuste de preços:

Havendo prorrogações que excedam o período inicial de 12 (doze) meses, importante estabelecer critérios para o reajuste dos preços da contratação, definindo índice econômico de mercado que possa corrigir os preços praticados.

Para os órgãos e entidades do SISP, é recomendado utilizar o Índice de Custos de Tecnologia da Informação (ICTI), apurado pela Instituto de Pesquisa Econômica Aplicada – IPEA.

Critérios de seleção do fornecedor:

O contratante deve incluir no ato convocatório os critérios para a habilitação técnica das empresas participantes da licitação. Neste sentido, é comum a exigência de atestado de capacidade técnica, destinado à comprovação de aptidão para desempenho de atividade pertinente e compatível com o objeto da licitação, do aparelhamento e da equipe envolvida e da qualificação de cada um dos membros da equipe técnica que se responsabilizará pelos trabalhos.

No modelo do SISP de alocação de profissional, para serviços de desenvolvimento, manutenção e sustentação, os atestados envolvidos exigem a comprovação da execução dos seguintes serviços:

a) concepção, projeto, desenvolvimento, testes unitários, testes funcionais, implantação e documentação de sistema(s) de informação, e
b) uso de projetos e práticas ágeis (Métodos ágeis de desenvolvimento de software) aplicando pelo menos uma das seguintes técnicas/modelos/frameworks:

"*eXtreme Programming*" (XP), "Scrum", "*Feature Driven Development*" (FDD), "*Kanban*"; "*Test Driven Development* (TDD)", e

c) ter adotado as seguintes práticas e artefatos, ou equivalentes, nos projetos: "Backlog do produto", "Planejamento de entregas (*release plan*)","Planejamento de iterações por *sprints*", "*Burndown* ou *Burnup*", e
d) ter contabilizado, por período de 12 (doze) meses, no mínimo 5.442 pontos de função implementados ou 30 perfis profissionais de TI efetivamente alocados.

Destaca-se que as exigências de quantidades incluídas nos atestados, tais como volume de horas de experiência no desenvolvimento, tem como limite máximo a metade do quantitativo que está sendo contratado.

No caso de exigências em pontos por função, importante estabelecer sua equivalência em horas, definindo a produtividade padrão, que no caso do SISP utiliza como base a equivalência de dez horas trabalhadas por ponto de função.

Exequibilidade das propostas:

Conforme já referenciado nesta obra, não é incomum que o licitante oferte preços na disputa de lances que venham a impedir a alocação de profissionais com a qualidade necessária para a execução contratual. Por isso, a portaria e os modelos do SISP orientam a inclusão de cláusulas para averiguação da exequibilidade das propostas ofertadas, com realização de diligências para confirmação, quando pertinente.

Para comprovação, junto da proposta de preços, a licitante deve apresentar planilha de composição de custos, conforme cálculo, metodologia e modelo fornecido pelo contratante.

Relevante também incluir a tabela com os salários base que deverão ser praticados por ocasião da contratação, para cada um dos perfis profissionais envolvidos – o que permitirá verificar se os preços ofertados são exequíveis. Para efeitos da portaria e dos modelos fornecidos pelo SISP, são inexequíveis os preços quando verificados valores de remuneração inferiores aos estabelecidos no edital e quando o fator K for inferior a 1.

Havendo indícios de inexequibilidade, a licitante poderá apresentar documentos complementares para embasar a análise, incluindo contratos e faturas de contratações de objeto equivalente com preços compatíveis, e memórias de cálculo que evidenciem a viabilidade dos preços ofertados, com base nos custos dos insumos, salários, incidência de custos indiretos, tributos e lucro.

9 Resolvendo o dilema

Contratar uma fábrica de software pode ser uma solução para resolver demandas de desenvolvimento de sistemas reprimidas nas organizações, dando vazão a projetos que não poderiam ser implementados sem os recursos disponibilizados por esse modelo de contratação.

Contudo, quando o termo de referência não traduz a necessidade do contratante ou não estabelece mecanismos adequados de controle, a contratação pode se tornar uma grande dor de cabeça.

Ao longo de mais de duas décadas atuando nessa área, vimos vários projetos fracassarem. E os motivos foram diversos: (i) os requisitos do usuário não foram bem definidos; (ii) o projeto foi mal planejado; (iii) o custo do projeto foi muito alto; (iv) o time de desenvolvimento não era adequado; (v) o software não atendia às necessidades do usuário; entre outros.

É, portanto, de fundamental importância que o contratante possua um processo de desenvolvimento de software formalizado e uma maturidade que o permita gerenciar a empresa contratada, assegurando assim o sucesso do projeto.

Para evitar que a contratação de fábrica de software se torne um problema, vários órgãos como o TCU, CGU, SGD e outros apresentados nesta obra, tem atuado para auditar, recomendar ou normatizar, conforme suas competências, a contratação do desenvolvimento de sistemas. Como consequência, uma boa prática para os órgãos contratantes é seguir as recomendações dos referidos órgãos, garantindo o seu alinhamento à legislação e aos entendimentos vigentes acerca do tema.

A Portaria 750/23 e os modelos de termo de referência colocados em consulta pública em janeiro de 2023 pelo SISP dão um norte aos contratantes, fornecendo um molde que pode ser utilizado integralmente ou como referência, a depender da necessidade de cada organização, para minimizar os riscos relacionados à contratação de desenvolvimento de software.

Nesta obra analisamos a referida Portaria buscando trazer os principais aspectos que nos ajudam a resolver o dilema que nos motivou a escrever este livro: contratar fábrica de software não é contratar uma fábrica de problemas!

www.ingramcontent.com/pod-product-compliance
Ingram Content Group UK Ltd.
Pitfield, Milton Keynes, MK11 3LW, UK
UKHW022030190726
13853UKWH00005B/2181

9 786500 644852